メンタルと体調の
リセット術

中谷彰宏

AKIHIRO NAKATANI

リベラル社

リセットしたいと
思った瞬間に、
リセットは始まっている。

中谷彰宏

あきひろ

この本は、３人のために書きました。

1　ぶれた心を、整えたい人。

2　元気が出ない体を、整えたい人。

3　固まってしまった自分を、リセットしたい人。

01 リセットした先に、一段上がった自分がいる。

ウィズコロナは、リセットのチャンスを与えてくれました。

こんなことでもなければ、リセットはなかなかできません。

長年の積み重ねで価値観が固まっていて、今まではそれでそこそこうまくいっていました。

うまくいっている時にリセットはむずかしいのです。

自分も周りも、「このままでいいんじゃないの」という気持ちが働くからです。

今はリセットの最大のチャンスです。

今までのやり方は通用しないので、やり方を変えざるをえません。

ある意味、どさくさに紛れてリセットできるのです。

人類は今まで多くの試練にぶつかり、リセットし続けて、ここまで進化してきたのです。

災害に遭わない世代もある中で、われわれはうまくこの災害にめぐり合って、リセットのチャンスを得ました。

そのチャンスを生かす時代にいるのです。

これを「しょうがないからガマン」とか「対応」とか「自粛」という捉え方をするのではなく、「リセットできるチャンスをもらった」と考えることです。

リセットした先に、今までよりもう一段上がった自分に出会えます。

それがどんな自分になるかはわかりません。

わからなくていいのです。

それがリセットです。

リセットしたらどうなるかわかってからリセットするのは、「リセット」とは言わないのです。

求めているものは「リセット」です。

「定年になったらこうしよう」とか「生まれ変わったらこうしよう」ということではありません。

今、この瞬間にリセットできるチャンスを今もらっているのです。

何か言われたら、**「こんなご時世ですから」で言い訳が立ちます。**

テレワークなんて、少し前は想像もつきませんでした。

それが当たり前になってきているのです。

世の中は思ったよりも早く進んでいます。

なくなる仕事もありますが、生まれる仕事もたくさんあります。

動いている時代に生きるのは楽しいのです。

今まで本を読まなかった人が本を読んでいます。

「今までしていたことができない」と文句を言う人は、できなかったことを見ています。

デメリットは見えやすいのです。

この時代だからこそできることは、たくさん生まれてきています。

みんながリセットにビクビクするのは、失うものがあるからです。

失うものは当然あり、それはリアルに見えます。

手に入るものはあとからやってくるので、今は見えないのです。

たとえば、レストランを禁煙にすると、タバコを吸うお客様が減ります。

タバコを吸うお客様が来なくなる一方で、タバコを吸う人がいないから来るお客様もいます。

事前には見えていません。

あとから、売上が上がるのです。

自分の人生の中でも、なくなるものもあれば、かわりに入ってくる新しいものもあることに気づきます。

これがリセットなのです。

心と体を整える工夫 01

リセットできるチャンスを生かそう。

心と体を整える工夫

第1章

メンタルで、リセットしよう。

メンタルと体調のリセット術

もくじ

第2章

体調で、リセットしよう。

第3章

人間関係で、リセットしよう。

第4章

習慣で、リセットしよう。

第1章

メンタルで、リセットしよう。

02

リセットは、「信じる」ことだ。

新しいものを手に入れるのは、ポーカーカードを交換するようなものです。
わらしべ長者の潔《いさぎよ》さは、目の前の人と物々交換をしていくところです。
どちらが得とかは考えていません。
一見、つまらないものと交換しています。
交換はリセットです。
結果として、うまく転んでいくのです。
わらしべ長者は、観音様にアドバイスされて交換しているだけです。
リセットは「信じる」という行為です。
相手を信じ、自分を信じ、未来を信じるのです。

リセットしない人は信じていません。

それがつらいし、息苦しいのです。

その人はリセットすると損すると思って、今にしがみつきます。

凝《こ》り固まった状態なのです。

気の毒なのは、まじめな人が一生懸命頑張っているのに、逆に精神的につらいところに追い込まれることです。


「リセット」という1つのボタンを知ることで、その人の頑張っていることが楽しいことにつながるチャンスが手に入ります。


リセットボタンに、力は要りません。

リセットボタンは、世の中が終わるボタンでは決してありません。

「そのボタンを使ってみるといいよ」ぐらいの軽い感じでいいのです。

「リセット」という言葉は「ゲームのようになんでもリセットできると思うなよ」というネガティブな意味で使われがちです。

それをポジティブな意味で使いたいのです。
たとえば、ボイストレーニングに来る人は、リセットしたいから来ています。
声がよくなりたいわけではありません。
みんなが願っていることは、自分の人生をリセットすることです。
いつの間にかこうなってしまって、どこでこうなったかもわかりません。
それでも、すべての人にリセット願望があります。
リセットは向上心です。
逃避ではないのです。

心と体を整える工夫　02

「楽しい未来の自分」を、信じよう。

03 リセットは、景色の見え方が変わってくることだ。

旅から帰ってくると、景色の見え方がまったく違います。

旅によって、自分がリセットされたからです。

今までは汚れていても平気だったものが、「これは掃除しないと」と思います。

「ちょっとぐらいシワが入っていてもいいや」と思っていたのが、「いやいや、クリーニングに出そう」と思います。

今まで「気にならなかったこと」が、気になるようになるのです。

自分自身の世の中の見え方が、まったく変わってきます。

旅から戻ると、空を見るようになります。

「今日の空はきれいだな」とか「今日の雲はきれいだな。写真を撮っておこう」という気持ちになるのは、その人の気持ちがリセットしたのです。

周りのものが突然、たくさん見えてきます。

いつもは空なんて見ていません。

凝《こ》り固まっていると、下ばかり見ています。

伸び伸びすると、空を見上げます。

久しぶりに「こんな空を見たな」と感じます。

空を見ることが、リセットにもなるのです。

リセットすると、空はいつも自分の真上にあったことに気づくのです。

心と体を整える工夫　03

空を、見上げよう。

04 旅はリセットの固まりだ。

修学旅行は、行程表通りに動きます。

それが日本の旅行の残念な習慣になりました。

行程表通りの旅行がベストなのではありません。

面白いのは、行程表からズレることです。

「途中で面白いものに出会ったから予定を変更します」ということを、いかにできるかです。


デートで男性が頑張って行程表をつくってきます。

女性が休憩したいと言うと、「エッ、ここで休憩したら、あとのスケジュールがメチャクチャになる。せっかく5つ回れたのに……。もう好きにしろ」と、投げてしまいがちです。

男性は、旅行をしようとします。
女性は、旅をしようとします。
これがわかれ目です。
自分も相手も、気持ちはすべて変化します。
変化は悪ではなく、チャンスなのです。

心と体を整える工夫　04

自分の気持ちの変化を、許そう。

05 「正しい」と「よい」と「好き」は、別物だ。

世の中には「正しい」「よい」「好き」という3つの軸があります。
「真・善・美はイコールではない」と高校の先輩の籔内佐斗司《やぶうちさとし》先生に教わりました。
正しいものがよくて、よいものが好きなのではありません。
X軸・Y軸・Z軸という3つの軸があるのです。
これを1本の軸で考えてしまうのがSNSです。
自分の嫌いなものは間違っているとして攻撃します。
自分の好きなものは、正しいことであり、よいことだと考えます。
そうとは限りません。
実際には、正しくもよくもないけど、好きということはあります。

ほかの人が嫌いと言っても、それが正しくてよいことである可能性もあるのです。「正しい」と「よい」と「好き」が一致するという勘違いをして攻撃するのがＳＮＳの中で起こっています。

何か災害が起こった時は集団心理が働きやすくなります。「正しい」イコール「よい」イコール「好き」という集団錯覚が起こるのです。実際には全部バラバラに起こっています。

「正しい」と「よい」と「好き」を自分の中で区別することが大切です。

そうすれば、ほかの人を見てイライラすることも、人から何か言われてイライラすることもなくなるのです。

心と体を整える工夫　05

「正しい」と「よい」と「好き」を区別しよう。

06 ミスが、リセットしてくれる。

大切なのは、「正しい」にこだわらないことです。

「正しい至上主義」は、学校や会社、家庭でも教わっています。

「正しい」は時代によって変わるし、個人差もあるのです。

多様性の時代は「正しい」がたくさんあります。

「正しい」にこだわらないというのは、**「正しい」はたくさんある**ということです。

たとえば、ダンスの発表会で「今日はノーミスを目指します」と言っている人がいました。

それは間違った方向です。

終わってから「どうだった？」と聞くと、「ノーミスでした」と言うのです。

目指す方向は「ノーミス」ではありません。

大切なのは、やってみて楽しかったかどうかです。


私のダンスの初めての発表会の時のことです。

いつもは教室で練習しています。

発表するところはホテルです。

周りの壁や柱の状態もまったく違うのです。

お客様も入っていて、いつもより力が入ります。

振付と音楽は決めてきていますが、いつもより回転が大きくなって、角度が変わります。

「こっちに向いた時は、次はこうする」と思って動いたら、1分半先の振付へ飛んでしまったのです。

私の中では「ホテルのアンプはテンポが遅いな」と感じていました。

結局、最終的に1分半余ったのです。

私は一緒に踊りながら律子《りつこ》先生に「飛びましたかね」と言いました。

律子先生が凄かったのは、今の気分を大切にして、飛んだ時にムリヤリ戻さなかったことです。

「どうする？」とも聞きませんでした。

音楽を止めて最初からやり直すのは、間違ったリセットです。

途中からは直せないのです。

実際にそうする人もいますが、それをすると周りがザワザワします。


私は今、ダンスを始めて20年以上経っています。

その頃は、まだ習って1年8カ月でした。

私は今でもあの時の判断は正しかったなと思っています。

私は律子先生に「あとは好きに踊っていいですか」と言いました。

律子先生がこっそりリードするのは簡単です。

にもかかわらず、先生は「ついていくよ」と言ってくれました。
誰も私がアドリブで踊っていることに気づきません。
主宰の花岡浩司《はなおかこうじ》先生は「アドリブでやってるな」と笑っていたと思います。
花岡先生と律子先生と私の3人だけがわかっているのです。
あれが私の一番幸せな時間でした。
私は教わってきたことを自分が好きに踊ることで先生にお返ししようとしました。
残り1分半、神様にもらった時間を楽しもうと思ったのです。
ノーミスで踊ったら、この時間は味わえませんでした。
これが私にとって一番のリセットだったのです。

心と体を整える工夫　06

「ノーミス」を目指さない。

07
「見返り」を手放すと、「やりがい」がやってくる。

仕事の手柄は、上司とか部下、同僚とかにあげてしまいます。

そのかわり、自分は「やりがい」をもらうのです。

手間ばかりかかって、たいして儲けにならない仕事があります。

給料にも反映しない、世間的に評価が得られない小さい仕事をする時に、やりがいがやってくるのです。

ＹｏｕＴｕｂｅで再生回数が上がらないことで、みんな悩んでいます。

再生回数は見返りです。

再生回数が上がることをするよりも、もっと自分がしたいことをしていいのです。

そうすれば、やりがいが出てきます。

再生回数を目指すと、いつの間にかやりがいが犠牲になるのは当たり前です。

再生回数を増やしたり、副収入を稼ぐことばかり考えていると、たとえ再生回数が上がり、収入になったとしても、やりがいにはつながらないのです。

最もやりがいがあるのは、手間がかかって収入にならないことです。

収入のある仕事は、どうしても収入に目が向かいがちです。

やりがいのことは、あまり真剣に考えなくなります。

収入にならなければ、やりがいが自動的に見つかるのです。


言ってみれば、濃い味の料理と薄い味の料理のようなものです。

京都の一流のお店に行くと、味がついているかどうかわからないぐらい薄味です。

その薄味を舌が探していきます。

そうすると、ほんのり甘さがあるとか、ほんのり何かの味がするとか、ダシの味がきいているということが味わえます。

最初から甘いだの、辛いだの、脂がおいしいだの、ガツンとした味がきたら、底にある隠れたダシの味を味わえなくなるのです。

心と体を整える工夫　07

「見返り」を手放そう。

08

迷うことは、心の優しさだ。

「何かをしようとする時に必ず迷うんですけど、この迷いはどうしたら取れるでしょうか」という相談が多いのです。

その人の中では、「迷うこと」イコール「いけないこと」と思いこんでいます。

迷うことは、その人の人生経験の多さであり、心の優しさです。

「こんなことをしたら、どう思われるか」というのは、相手のことを慮《おもんぱか》るからです。「こういうかわいそうな人が出てきたらどうしよう」「こういうふうに傷つくんじゃないだろうか」と考えることで迷うのです。

「トロッコ問題」という有名な問題があります。

5人を助けるか、1人を助けるか、どちらかを選ぶのです。

大学の授業でその問題を出すと、学生たちは「それは５人でしょう」と、さばさば答えます。

私は10年間消防大学校で来年全国の消防署長になる平均年齢約50歳の人たちを教えています。

そこで同じ問題を出すと、悩んでしまって答えられないのです。

なぜならば、彼らは日々それを経験しているからです。

リーダーとしては、悩むのが正解です。

５人を助けると、１人が亡くなります。

その１人のお葬式に行くと、「帰ってくれ。あなたさえいなければ助かったのに」と言われます。

そこには、おばあちゃんと小さい子どもさんがいます。

経験を積んでいる人は、そういうことがわかるから迷うのです。

迷うことは悪いことではありません。

徹底的に迷っていいのです。

迷った上で行動するのがリセットです。

リセットは、じっとしているイメージがありますが、違います。

行動がリセットを生むのです。

凝《こ》り固まった考えをリセットして新しいアイデアを出そうと思ったら、行動すればいいのです。

誰かとコラボしたければ、とりあえず、その人のところに行きます。

アイデアを何も考えていなくても、そこに行くとアイデアが出るのです。

「それはできないけど、これならできるんじゃないか」とか「ちょうどよかった。こういうことをしてくれる人を探していた」と、向こうからアイデアを出してくることもあります。

行動がリセットになるのです。

心と体を整える工夫　08

迷いながら、行動しよう。

09 「全部好き」を目指さなくていい。

好きと嫌いの問題で、必死で「全部好き」と言おうとする人がいます。
「全部好き」には矛盾があります。
嫌うことを「嫌い」と言っているからです。
全部好きなら、「嫌い」と言う自分も好きになる必要があります。
「全部好き」と言うと、嫌いな１つに対して拒否反応を起こします。

ウイルスにやられて風邪をひくと、とても苦しいです。
ウイルスよりも苦しいのは、周りの人に対してです。
それよりも苦しいのは、自分自身です。

自分が自分を責め始めた瞬間に、歯止めがきかなくなります。
世間よりもウイルスよりも、自分がもっと苦しい存在になるのです。
自分を苦しめることからリセットするためには、「全部好き」と言わないことです。
好きなものをたった1つ見つけるだけでいいのです。
最低1つなので、2つ、3つ出てきてもいいのです。
全部好きになると、その中から嫌いなものが次々に出てきます。
それよりは、毎日好きなものを増やしていきます。
まず、好きなものを1つ見つけるところから始めればいいのです。

心と体を整える工夫　09

「好きな1つ」を見つけよう。

10
雅《みやび》とは、「全部わかる」を目指さないことだ。「全部わかる」を目指さなくていい。

雅の文化は、日本の美意識です。

和歌は全部わかることを目指しません。

わからない部分を持っておくのです。

90点で10点わからないとか、80点で20点わからないというのがベストです。

１００点は雅ではないし、つまらないのです。

講演をするにしても、本を書くにしても、全員にわかってもらえるのがベストかというと、違うのです。

「よい」と言う人と「ピンと来ない」と言う人が両方いることによって、「よい」と言って面白がれる人との共有感と一体感が生まれます。

みんなに「よい」と言われたら、その瞬間に逆に物足りなさを感じます。

誰かと何かの面白さを共有することが「雅」ということです。

みんなが「面白い」と言うよりも、賛否両論あったほうがいいのです。

その中で「面白い」と言う人と、より面白さの共有ができます。

「あっ、それわかる」と言う人が出てきた時に、突然うれしくなるのです。

「全部わかる」を目指すのでなく、わからないことをどこかに残しておきます。

自分が何かを発表する時も、誰かの発表を聞く時もそうです。

「なんで『いいね！』を押してくれないの」と言われますが、全員が「いいね！」を押したら、それは「いいね！」ではなくなります。

「よい」と言う人と「いまいち」と言う人の両方いるのがベストなのです。

心と体を整える工夫　10

「わからない部分」を残そう。

11 「ＡかＢか」のほかに、「わからない」、「そのうち、決める」もあっていい。

凝《こ》り固まっている人は、ＡかＢかの二択で物事を考えます。

これはもともと日本人の感覚ではありません。

日本人の感覚は「あやふや」とか「ファジー」とか言われますが、そのほうがよっぽど高度です。

これは東洋の考え方です。

西洋は「ＡかＢか」という考え方で行き詰まっています。

「ＡでなかったらＢなんだね」と言いますが、そうとは限らないのです。

意見として、「わからない」も認めるのが多様性です。

ジェンダーの問題で、今はＬＧＢＴにＱが加わり、さらにＱ＋になっています。

ＬＧＢＴにも入らない人たちがいるのです。

自分は男性か女性かという性認識、男性と女性のどちらが好きかという性的指向がありますす。

「どちらが好きですか」という質問に対して、**「わからない」とか「どちらも好き」もあっていいのです。**

「考え中」と言う人もいれば、「そのうち決める」と言う人もいれば、「決めなくていい」と言う人もいます。

これはすべて、答えとして、ありです。

ＡでなければＢ、賛成でなければ反対というのは、たしかにわかりやすいです。

本当のところは、「よくわからない」というのが一番正直な答えです。

アンケートでも、「その他」が一番リアルな答えです。

二択よりも自由記述のほうが、その人の生《なま》のリアルな気持ちがわかります。

心と体を整える工夫　11

「決めなくていい」もつくろう。

「決めなくていい」という選択肢もあっていいのです。

12
肯定すると、リセットする。肯定とは、面白がることだ。

否定すると、リセットができなくて凝《こ》り固まっていきます。

よくわからないものに対しては、とりあえず肯定しておきます。

「ダメだ」は否定ですが、「よくわからない」は否定ではありません。

ある意味、肯定です。


「肯定」とは「面白がる」ということです。

「なんかわかんないけど、マニアはこういうのがいいんだろうね」

「こういう発想はどこから出るんだろうね」

「これでよく食べていけるな」

と、そういうことを面白がれるかどうかです。

面白がることで、その状況をリセットできます。

イヤがったり、抵抗したり、避けたりしていると、今置かれている状況がより凝り固まった状態に持っていかれるのです。

心と体を整える工夫　12

面白がろう。

13

「絶対」と思うと、依存する。

依存症は、たった一つのものを「絶対」と思うことです。

日本はクリスマスを祝い、除夜の鐘を聞いて、神社で初詣をします。

何でもありというのは無宗教ではなく、多神教という一つの信仰のあり方です。

信じ方があやふやなのかというと、そうではありません。

「絶対」がなくて、全部一番なのです。

イエスかノーかの二元論の人から見ると、理解できない考え方です。

イエスかノーか、賛成か反対かという議論は面白くありません。

広告代理店は「反対」という言葉は言えません。

全部賛成です。

賛成の屁理屈をたくさん考えていくことで面白がれるのです。

「一番」をたくさん持つという感覚の人は依存症になりません。

依存症になる人は、「絶対」が１つで、それだけにしがみついていきます。

これも一番、これも一番、これも一番……と、一番をたくさん持つことで、そのつどリセットできます。

「絶対」が１つとなると、そこから身動きがとれなくて、がんじがらめになってしまうのです。

心と体を整える工夫　13

一番を、たくさん持とう。

14 混乱した時、頭は一番働いている。

ビジネススクールの授業で、最後に感想を聞きます。

「今ちょっと頭が混乱しています。今までこうだと思っていたことが真逆でした」と言う人は、一番刺さった人です。

「非常によくわかりました」と言うのは、あまり刺さっていない人です。

だまされてはいけません。

混乱している時に一番速く頭が回転します。

リセットするためには、一回混乱することです。

部屋の片づけをする時に、一回全部出すのと同じです。

部屋を片づけられない人は、散らかるのがイヤで、チビチビ出していきます。

引出しの中から1個1個出して、これは捨てる、これは捨てないとやっているのです。

一回全部バーッと出すと、「ウァーッ、これは大変だ。途中で寝ちゃったらえらいことになる」という混乱状態に陥ります。

この時、初めてリセットが起こります。


今、あなたの頭が混乱していたら、それは限りなくリセットに近づいています。

リセットへの正しいコースを歩んでいるのです。

リセットはだんだん狭まっていくのではありません。


たとえば、企画やアイデアを考える時に、みんなでブレインストーミングをします。

出たアイデアに対して、

「それは現実的にどうかな」

「それは前にやったけどうまくいかないんだよね」

「それは他社でもあるんだよね」

と言って1個1個絞り込んでいくと、ありきたりのアイデアしか出なくなります。

まずは、「バカなこと言ってんなあ、おまえ」と言いながら、アイデアをたくさん散らかしていきます。

散らかす作業が、最終的には新しいアイデアにリセットされていくのです。

一回散らかして、前より一段上がったところに行くのが正しいリセットです。

「リセット」イコール「もとに戻す」ではありません。

散らかして新しいものを生み出すのがリセットなのです。

心と体を整える工夫　14

「混乱」も、楽しもう。

15 自分の主義に、こだわらない。変化が、リセットを生んでくれる。

「自分は今までこうしてきた」

「自分はこれを絶対と思って信じてきた」

「こんなことをしたら、今までの自分の人生が否定される」

と言う人は、自分の主義主張にこだわっています。

もとへ戻ろう、戻ろうとしているのです。

こういう人はリセットできません。

「前はこうやっていた」と抵抗しても、新しい時代が来たら、変えるよりほかないのです。

時代が動いている時に前の時代へ戻ろうとすると、余計つらくなります。

せっかく未来に飛んだのだから、新しい生き方をすればいいのです。

それができないのは、「あいつは昔、こう言っていたのに、今は何やってんだ」と言われるのがイヤだからです。

そんな世間体は考えなくていいのです。

幕末から明治の政治家は魅力的です。

言うことがコロコロ変わります。

それが、明治というダイナミックな時代を生きてきた人の凄さです。

日本人の強さは、コロッと変われる力です。

戦争に負けたあともコロッと変わりました。

それがたくましさです。

人の気持ちの変化を許すのと同じように、自分の気持ちの変化も許します。

あまり過去の主義主張にこだわらないほうがいいのです。

心と体を整える工夫　15

コロッと変わろう。

16 偶然を拾うことで、リセットできる。

みんなで食事に行く時に、コース料理が選択できる場合は事前に決めておきます。

にもかかわらず、私は現場でメニューを変えます。

料理の説明を聞いていると、「やっぱりこっちだな」と思うのです。

そこでフワッとその時の気分に乗り換えられるのが正しい判断です。

ＣＭをつくる現場では、事前に何回もプレゼンテーションをして、打ち合わせをして、正しい撮影のコンテができ上がっています。

プロが集まっているのですから、コンテ通りにつくるのは簡単です。

本当はテイク１で撮れます。

それをテイク20まで撮るのです。

事前のコンテを上回るアイデアに出会いたいからです。

プレゼンには、事前のコンテ通りのものと、現場でコンテを少し変更してつくったものを両方編集してクライアントに見せます。

面白いCMを出している会社は、みんなコンテでないほうをとっています。

コンテは面白いものに出会うための叩き台です。

それでいいなら、テイク1で撮れています。

そうではないものに、いかに出会えるかです。

プロは偶然の出会いを待っています。

神様の手助けを待って、新しいものに出会おうとするのです。

心と体を整える工夫　16

予定通りで終わらない。

17 「未完成の自分」なのではない。「改造中の自分」を楽しもう。

うまくいかない時は、自分を否定するのではなく、「未完成の自分」と考えます。
「鉄人28号」は28番目の試作品です。
その前に、１号、２号、３号……と、さんざん実験して失敗してきています。
機械に型番があるのは、その型番が改良中だからです。
「未完成の自分」にも納得できなければ、「改造中の自分」と考えます。
自分はまだ改造中で、どんどんバージョンアップしていくと考えればいいのです。
パソコンは、発売される頃には２世代先の開発が進んでいます。
自分自身も、今の自分は完成品ではなく、まだ過渡期《かとき》だと考えればいいのです。
すべてのものが過渡期です。

リセットの最大の敵は、今のところから動かず、居ついてしまうことです。

リモートが始まって会社がなくなったのに、まだ「オレの席は？」と言っている人がいます。

こういう人は、つらくなります。

「席」に居ついてはいけないのです。

ＣＭや映画の撮影は、そのつど人が集まって、そのつど仕事に集中し、そのつどチームワークをつくり上げて、そのつど解散するという形です。

24時間、３６５日一緒にいる必要はないのです。

今回やったから次も必ず一緒にやるという固定した関係ではありません。

流動していることが本当のチームワークなのです。

心と体を整える工夫　17

完成品でない自分を許す。

第2章

体調で、リセットしよう。

18 リセットしたいという時は、リセットできる。

リセットしたいと思ったら、もうリセットできています。

「体がちょっと調子よくないな」「体が固まっているな」「ベストパフォーマンスができていないな」と**感じるのは、体が敏感になってセンサーが働いている状態です。**

マッサージで、「凝《こ》っているところはありますか」と言われて、「ここが凝っている」「あそこが凝っている」と、ピンポイントでわかるうちは健康です。

健康な状態は、具合が悪いところがないということではありません。

「自分のここがベストな時に比べると、ちょっと調子が悪い」とわかることが、心と体が健康な状態です。

一番わかりやすいのは、肩コリです。

軽症は、「ここが凝っている」と感じます。

中症は、「全体に凝っている。どこが凝っているかわからない」となります。

重症は、「凝っていない」と感じる状態です。

凝りが理解できるのは、凝っている部分に対してきちんと反応しているからです。

整えることは、リセットするということです。

テレワークでなかなか人に会えないと、体の調子も精神的にもいまいちだなと感じることがあります。

その人は正常な状態なので、元に戻すことができます。

固めていると、心と体は勝手に治るものではありません。

徐々にリセットがむずかしくなるので、最初に感じた時に治すことが大切です。

痛がりであること、気持ち悪がりであることによって、心も体も健康でいられます。

心と体を整える工夫　18

気づいた時に、リセットしよう。

19

整えるのは、鍛えることではない。緩《ゆる》めてあげると、自然に戻る。体は、勝手に整うほうに向かっている。

まじめな人ほど、バランスを崩しやすいです。

体が固まっているというのは、縮こまってバランスが崩れている状態です。

常に、緩めてバランスをもとに戻すことが大切です。

まじめで一生懸命な人ほど、ブレやすい現象が起こります。

いい加減な人は、もともとそれほど力を入れていないので固くなったりせず、適度にうまく緩めています。

まじめな人に「このエクササイズやってみたら」と教えると、「それは何回ユニットで、1日何セットやればいいですか」と聞かれます。

これは「緩めること」と「鍛えること」の区別がついていません。

エクササイズには、「緩めるエクササイズ」と「鍛えるエクササイズ」があります。

筋肉を鍛えるエクササイズは、「1日何回、何セット」という決まりごとがあります。

緩めるエクササイズは、1回でいいのです。

ボタンを外すように、力はいりません。

知らないうちに締めてしまっている部分のボタンを外すだけで大丈夫です。

まじめな人は「それではやった気がしない」と不安がります。

もう少し自分の体を信じてあげることです。

体はかなり高性能にできているので、放っておいても正しい状態に向かいます。

これはすべての人の体に事前にインストールされています。

どんなに運動神経が悪い人でもインストールされています。

それがブレるのは、体が正しい方向に向かおうとしているのに、筋肉を縮めて邪魔している状態です。

心と体は連動しています。

体が凝《こ》っている時は心が凝っています。
心が凝っている時は体が凝ります。

心が凝っている時に、心のやり方で治すのはむずかしいです。
心が凝っている時は体をほぐし、体が凝っている時は心をほぐせばいいのです。
神様がつくった人間の体はうまくできていて相互作用が働きます。
新たにインストールしなくても、すでに安全装置がセットされています。
まずは、自分の体を信じればいいのです。

心と体を整える工夫 19

鍛える前に、緩めよう。

20　１回するだけで、リセットできる。頑張らなくていい。リセットするだけでいい。

「どこに力を入れればいいですか」という人の感覚は鍛える方向に向かっています。

学校時代は、ずっと鍛える方向のトレーニングをしています。

仕事や勉強、人間関係に一生懸命な人ほど凝《こ》りやすいのは、頑張る方向にばかり向かっているからです。

年齢とともに、頑張る方向の交感神経がますます有意に働いてしまいます。

よりパワーを発揮するためには、時には緩《ゆる》める必要があります。

「緩める」「力を出す」を交互にうまく使うことによって、パフォーマンスがよくなります。

力を入れてばかりいると、そこが固まってしまい、いざという時に力を出せません。

サッカーでは、強いチームの選手ほど走り回っていません。

ムダなところは休んで「ここ一番」のところで急に動くので、相手チームからすると、つかまえにくくなります。


虫も同じです。

ムダに飛び回ったりせず、止まっている時間が長くて、いざという時にパッと飛ぶから、なかなかつかまらないのです。

ずっと走り回っていると、いざという時に疲れて走れなくなります。

それよりは緩急《かんきゅう》をうまく使って、メリハリをつけることです。

頑張るほうは常にしているので、緩める工夫を覚えます。


大切なことは、頑張りすぎないことです。


マッサージは、痛いぐらいが気持ちいいと思うのは勘違いです。

「こんなに弱い力でしていいのか」「このレベルでしたほうがいいのか」と、神経質になならなくて大丈夫です。

頑張り方や痛さ、力加減はほとんど関係ありません。

マッサージも、赤ちゃんにするぐらいの力で効果があります。

そうすると、まじめな人から「朝・昼・晩、いつやればいいですか」という質問が出てきます。

思いついた時にすることです。

人間の体はよくできていて、自然に手が行く部分があります。

そこがさわって欲しいところです。

その部分には手を当てるだけでいいのです。

これがいわゆる「手当て」です。

手当てをした部分から、ほぐれていくのです。

心と体を整える工夫　20

思いついた時に、手当てしよう。

21 電車で眠くなるのは、揺れがリセットしてくれるからだ。揺れることで、リセットできる。

誰でも、電車に乗ると眠くなります。

通勤電車のように短い間でも、座ってしまうと眠くなります。

睡眠不足なのに、ベッドで電車のように寝られないのは、揺れていないからです。

電車の揺れは、人間にとって心地いいのです。

揺らされることによって体がほぐれていきます。

会社でも椅子のかわりにバランスボールに乗っている人がいます。

バランスボールはずっと安定しているわけではなく、揺れています。

揺れることによって、体がいつもバランスをとって違う動きをしているのです。
かつては「貧乏ゆすりはマナーが悪い」と言われていました。
最近は「貧乏ゆすりは健康にいい」と言われています。
貧乏ゆすりは、体を揺らして常に運動している状態をつくり出すのです。

まじめな人から「どんな姿勢がいいですか」と聞かれます。
同じ姿勢をとらないことです。
正しい姿勢でも、ずっと継続しているとよくないのです。
集中力がなくて気が散るタイプは、体が凝《こ》りません。
子どもが凝らないのは、よく動くからです。
まじめで一生懸命な人は、集中して同じ姿勢をとります。
それは、たとえよい姿勢でも体にはよくありません。
同じ姿勢ではなく、少し前に行ったり、少しうしろに行ったりすればいいのです。

たとえば、何時間も電車に乗って移動する時は、座ったままの姿勢が続くので体のバランスが崩れます。

立っている時は、意外に疲れません。

同じ姿勢で立っていると疲れるので、勝手に姿勢が変わるのです。

通路で人が通ったりすると、避けるために動いたりします。

座っている時ほど、適度にトイレやデッキに行ったほうがいいです。

同じ姿勢を続けずに、揺れる動きをすることが大切なのです。

心と体を整える工夫 21

揺れよう。

22 上下運動で、リセットできる。船に乗ることで、リセットできる。

揺れる動きの中でも、一番いいのは上下の動きです。

私は週に1回ボールルームダンスのレッスンに行っています。

20年以上続けているので、新たに何かステップやテクニックを覚えることより、体のバランスが崩れているところを直しています。

ダンスで、上下運動をすることでバランスを整え直すのです。

日常生活では、左右の動きは比較的多いです。

少ない上下の動きをすることが大切です。

ブランコが気持ちいいのは、上下の動きをしているからです。

振り子のようですが、横ではなく上下に揺れることに心地よさがあります。

ジェットコースターが好きな人は、左右の横揺れではなく、上下のフワッとする感じが心地いいのです。

赤ちゃんが「高い高い」をされると喜ぶのも、上下の動きで緩急《かんきゅう》が生まれるからです。

ボディワーカーの藤本靖《ふじもとやすし》さんは企業の研修をしています。

通常の研修は初日に山の中を歩き、2日目に川下りのラフティングをします。藤本さんはある企業で、その日程を逆にしたそうです。

最初にラフティングの船で大きく揺られることによって、日ごろの仕事や都市生活でガチガチになっていたバランスを解放しました。

2日目に森林へ行くと、今まで見えなかったものが見えたり、景色がきれいに見えます。

旅行やデートに行く時も、先に1回船に乗って、その後に景色を見ると、冴えた状態でいろいろなものが見えてきます。

子どもはトランポリンが大好きです。

トランポリンをしている人は、笑っています。

それは、緩んでいるということです。

むずかしい顔をしてトランポリンをする人はあまりいません。

トランポリンに乗っていると、体幹が鍛えられるだけでなく、上下の動きで筋肉が緩《ゆる》んで、体のバランスをもとに戻すことができます。

日常生活の中では、爪先立ちをするのも１つの方法です。

日常生活では、爪先立ちをして下りるという上下運動を繰り返すことで、体の凝《こ》りがほぐれるのです。

心と体を整える工夫　22

船に乗ってみよう。

23 片方の目を閉じるだけで、リセットできる。

前向きな考えが浮かばない時は、仕事や人間がイヤなのではありません。
脳と体と精神の３つが疲れているのです。
単純に治す方法は、寝ることです。

ただ、会議中に寝るわけにはいきません。
その時は目を閉じます。
会議中でも休める方法は、考えているフリをして片方の目を閉じるのです。
片方の目を閉じるは寝るのと同じ効果があります。

イルカは、ずっと泳ぎながら片方ずつ寝ています。

閉じた目とつながっている側の脳を半分休めています。

片側ずつ交互に休むだけで、両側の脳をずっと働かせるより省エネできます。

何かが見えていると、人間は脳のコンピュータのスイッチが入るので、いろいろなことを考えてしまいます。

目を閉じていると、外界の刺激が遮断されます。

遮断すると、「これがこうなったらどうよう」「これもやらなくちゃ」と考えなくなるのです。

目は、脳のスイッチをオフにする一番いい方法です。


まじめな人は、ついキョロキョロしてしまいがちです。

キョロキョロして見れば見るほどいろいろなことを考えてしまい、ムダに疲れます。

電車やタクシーに乗ったり、信号待ちをしている時でも、危なくないところでは両目を閉じてもいいです。

両方閉じることができない時は、片方閉じます。

この話をすると、「どっちの目ですか」という質問が必ず出ます。

「片方の目を閉じてごらん」と言った時に、自然に押さえたほうの目が疲れています。

人間の目はよく使っているほうが疲れて、そちら側を押さえたくなります。

どちらがいいか考えるのではなく、なんとなく押さえる側を閉じればいいのです。

この時、「どれぐらいの力で?」と聞く人がいます。

ギュッとしないで、優しく当てます。

当てるだけで手の温度が目にいきます。

疲れていると冷えてきて、血行が悪くなります。

それが手のひらの温度で温まります。

手が冷たい時は、手をこすったり、フッと息を吹きかけて当てるだけでラクになります。

ここでまた、まじめな人から「目は冷やしたほうがいいですか。温めたほうがいいですか」という質問が出ます。

これは、気持ちいいと思うほうが正解です。

体は熱くなっていることもあれば、冷えていることもあります。

固まっている状態は、たいていが冷えています。

マッサージ師さんは体全体をバーッとさわって、冷えているところからマッサージを始めます。

使い過ぎて疲れているところは、熱くなっているので、冷やしたほうが気持ちいいです。

目を閉じることで、周りに上司がいても叱られない程度に疲れているところを治せます。

会議中だけでなく、目を閉じるチャンスはいろいろあるのです。

心と体を整える工夫　23

片方の目を、閉じよう。

24 鼻の奥で、息を吸うと、リセットできる。

体が固まってくると体中の筋肉が固くなり、呼吸が浅くなります。

呼吸は、横隔膜が上下して、ポンプ機能で出たり入ったりします。

横隔膜は筋肉群なので、体全体の筋肉がほぐれていないとうまく動きません。

固くなっているポンプで、いくら空気を入れようとしても入りません。

大きいちょうちんを持っているのに、骨組みのあちこちがくっついていて空気が中に入らないのと同じ状態です。

体を緩《ゆる》めることで呼吸量は増えます。

体はうまい具合にできていて、呼吸することで体が緩んでいくのです。

「できるだけ深いところまで息をしてくだだい」と言うと、まじめな人は鼻の穴が膨らみます。

その時は呼吸が入っていません。

歌手で鼻の穴が膨らむ人はいません。

歌手は大きく息を吸っています。

空気を奥まで入れるためには、鼻の奥を広げます。

手前を広げると、鼻の奥に意識がいきません。

鼻の奥を広げる感じにすると、手前に力は入らなくなります。

息を吸う時は、鼻の奥で吸うことを考えます。


風邪を引いた時に耳鼻科に行くと、よく副鼻腔炎《ふくびくうえん》と言われます。

鼻の横だけでなく、耳の周りまでが副鼻腔なのです。

呼吸が入るスキ間は、脳の中のあちこちにたくさんあります。

頭蓋骨のうしろのほうまで呼吸を入れるつもりでいると、実際にそこまで入るそうです。

科学的なことよりは、風船のあちこちに入れるタンクがまだあると考えて呼吸をします。

呼吸することで緩むように体の構造はできています。

神様は、「普段頑張りすぎている動物体としての人間の体をいかに緩められるか」と考えました。

結果として「呼吸は絶対やめないだろう。じゃあ、呼吸することによって緩む仕組みをつくっておいてやろう」と、体の設計図がつくられたのです。

心と体を整える工夫　24

鼻の奥で、息を吸おう。

25 自炊で薄味にすると、リセットできる。

テレワークをすることによって外を出歩く機会が少なくなり、自炊が増えました。

自炊で一番いいことは、薄味になることです。

久しぶりに好きだったお店に行くと、「こんなに味が濃かったかな」と思います。

お店は、一発でガツンと味を覚えてもらおうとして味を濃くするのです。

競合も濃くするので、ライバルに負けないために、もっと濃くしようという形で味がどんどん濃くなります。


家で自炊をすると、ライバルはいません。

毎日つくっていると飽きないように、味がどんどん薄くなっていきます。

調味料は、量はまったく関係ありません。

そこに1振り入れようが、5振り入れようが、味の出方は同じです。

一番いいのは、いろいろな種類の調味料を1振りずつ入れることです。

1種類の調味料ではたくさんかけてしまいがちです。

複数の調味料を組み合わせればいいのです。

まじめな人は「この調味料はどの料理にいいですか」と聞きます。

何も考えずに、家にある調味料を全部出して、1振りずつ入れると一番深い味になります。

それによって満足度が高まり、食べ過ぎることもなくなります。

自分への挑戦として、ど真ん中ではなく、薄味を狙っていけばいいのです。

心と体を整える工夫 25

薄味に、しよう。

26 元気のある時とない時の波があるのが、正常。

「どうしたら元気が出るようになりますか。どうも元気が出ないような気がするんです」「元気な状態が長く続かないんですけど」という相談がまじめな人から来ます。

逆に、「どうしたら元気が出せなくなりますか」とか「休めるようになりますか」という質問はないのです。

体は、元気が出続けていることが正常なのではありません。

元気な時とそれほど元気が出ない時で波打っているのが正常です。

元気が続いているのは、異常です。

まじめな人で一番多いパターンは、元気な状態で下がらなくなっていることです。

元気な時に波からそれて、下がらずにブルブル震えている状態です。

元気を出してエンジンを切らない状態がずっと続くと、どんどんエネルギーを消耗して疲れます。

そういう人は、元気な状態から下りていく波に自分を沿わせればいいのです。

「今日は元気ないな」という時は、「今日は休むほうのモードだな」「今自分は波の下り坂にいるのか上り坂にいるのか」と、感じることが大切です。

「今日は元気ないモードだから、ここはムリしないで、次、元気出た時にやろう」と考えればいいのです。

体の元気がない時に焦って、気持ちでムリヤリ元気を出そうとすると、余計カラぶかしが起こります。

運転の上手な人は、アクセルとブレーキを使う回数が少ないです。

向こうに赤信号が見えている時にアクセルを踏む必要はありません。

アクセルを踏むと、ブレーキも踏むことになります。

同乗者は、ガクンガクン揺らされて疲れます。

これは、やる気のある負けず嫌いな人の運転の仕方です。

ジョギングでも、抜かれるのが嫌いな人がいます。

誰かに抜かれると、抜き返すのです。

ジョギングで学べるのは、抜かれることに平気になることです。

市民ランナーとひと口に言っても、フルマラソンの大会で3時間を切るようなサブスリーの人もいれば、ほぼ歩いているのと同じレベルの人もいます。

みんなペースが違う中でジョギングをする時は、「ここで抜いたり抜かれたりしても、あまり関係ないんだな」と気づくことです。


自転車では、ヒルクライムという競技があります。

ヒルクライムでは、抜く人には抜かせてあげるのがマナーです。

抜き合いの感覚でヘンに競争すると、相手もペースが狂ってしまいます。

これは「どうしたら元気が出るでしょう」と、上り坂でブルブル震える状態です。

さらに、元気の波が下がったところで、今度は上がらないという人もいます。

その人からは相談が来ません。

そもそもやる気が出ないので、相談する元気もないのです。

両者は同じ原因で、コースからそれています。

上り下りのコースにいる時は、コースに沿わせていけばいいだけです。

「下がっていくと永遠に上がらないんじゃないか」という心配はまったくいりません。

ここで知識が必要になるのです。

健康に対しての知識があれば、「これはこういう状態だから大丈夫」と、精神的に疲れません。

風邪に対しての知識も、「風邪は2〜3日寝ていれば治る」と覚えていれば、「これは永遠に治らないんじゃないか」という恐怖から抜け出せます。

自分の波を知れば、元気がない時も怖くなくなるのです。

心と体を整える工夫　26

ムリに「元気」を出さない。

27 体と心は、スイッチが2つある。

スポーツの試合で「もっとリラックスしなさい」という声かけをします。

リラックスという言葉を使うと、まじめな人は「リラックスしていると、だらけた生活になるのではないか」と心配します。

そうすると、「適度な緊張があったほうがいいんだ」という意見も出ます。

そこで、「どちらがいいんですか」と、まじめな人が悩むポイントが生まれます。

軸には、

①　**体の軸**

②　**心の軸**

という２つの軸があります。

体はリラックスと緊張なら、リラックスしているほうがパフォーマンスはよくなります。

リラックスしているから、いろいろなことが把握できるのです。

周りの状況を把握して、即動けるのが体がリラックスしている状態です。

筋肉で言うと、かたい筋肉よりやわらかい筋肉をつくります。

私は高校時代に空手部に所属していました。

空手の高段者はみんな筋肉がやわらかいです。

カチカチの筋肉の人は1人もいません。

どれだけ筋肉がやわらかい状態であるかが重要です。

もう1つの軸は心です。

心は頭と連動しています。

眠いとやる気が出ません。

これはボーッとした状態です。

目指すべきは、スッキリした状態です。
前向きなアイデアが出て、頭が回転するのは、脳が活性化している状態です。
体がリラックスして脳もボーッとしていると、仕事ができません。
一番いいのは、体がリラックスして脳が活性化している状態です。

座禅をする時はこの状態を生み出しています。
寝てはいけないのです。
いくら緩《ゆる》んだといっても、寝ると警策《きょうさく》でパチンと叩かれます。
お坊さんは年がら年中、考えたり、勉強しなければいけない仕事です。
そのため、体をリラックスさせて、心が活性化した状態でいる必要があります。
アイデアが浮かぶ状態はこの瞬間なのです。
朝起きた瞬間が一番アイデアが浮かびます。
もう1つのタイミングは、寝入りばなです。
朝起きた瞬間と寝入りばなは、体が半分寝ているようなリラックスした状態で、頭が起きています。

朝、体はリラックスしていて、体温が上がって目が覚め、頭が活性化し始める時がベストな状態です。

夜も同じです。

この瞬間は、アイデアを生み出すことに使うのがベストです。

ここでメールチェックをするのは、冴えた頭のムダづかいになります。

メールチェックは、脳が疲れた状態の時でも十分できます。

朝起きた瞬間と夜寝る前を逃さないようにしておくと、アイデアは生かせるのです。

心と体を整える工夫 27

体はリラックス、
心はスッキリしよう。

28 どれだけ力を出せるかより、どんな状態かを感じるだけでいい。

体を整えることは、

「どれだけ力を出せるようになるか」

「速く走れるようになるか」

「重いモノが持てるようになるか」

ということが目的ではありません。


体の機能には、「作用」と「受信」の2つがあります。

速いスピードを出して何かを動かしたり、自分の体を動かしたりするのは「作用」です。

今起きている事態を体が感じるのは「受信」です。

プロゴルファーは、立っているだけで「今は向かい風だな」「追い風だな」と、風向きがわかります。

「体が爪先に下がっているな」「右足下がりだな」というのは、力を入れるのではなく五感で感じることです。

「今日は疲れが抜けた」「疲れが残っている」「おなかがいっぱい」というのも感じる力です。

テレワークになって、食べすぎで体重が増えたという人が多いです。

これは、運動量が減っているというより、いつもより食べるからです。

ストレスが溜まると、そのストレスを発散するためにお菓子を食べたりします。

それによって、満腹感という感覚が鈍るのです。

「今自分はお腹が空いている」という感覚と、「もうお腹いっぱい」という2つの感覚がぼけてしまうと、食べ過ぎの状態になります。

なんとなくお腹がいっぱいになっていることに気づけば、勝手にそこで止めます。

お腹がいっぱいという感覚のスイッチがオフになっていると、限度以上に食べて太ります。

満足感はなく、満腹感だけ感じます。

体の能力は、「自分が今どんな状態にいるか」「周りの環境はどんな状態か」「自分の内臓、心はどんな状態なのか」を常に感じ取ることが大切です。

キレる人は、今自分が怒っている状態に気づいていない人です。

「まあまあ落ちついて」と言うと、「落ちついているよ」と怒ります。

酔っ払いと同じです。

酔っ払いは、血中のアルコール濃度の問題ではないのです。

「自分は酔っ払っていない」と言う人は、酔っ払っています。

酔っ払っていることに気づいていない状態です。

怒っている人が止まらないのは、怒り酔いしているのです。

「酔い」というのは、その状態にあることに気づきません。

気づかないからコントロールできないのです。

どんなにたくさんお酒を飲んでも、「ここで今日はごちそうさま」と言える人は、酔っ払いではありません。

少ししか飲んでいなくても「もう一杯だけ」と言う人は、酔っています。

これは、お酒でもタバコでも同じです。

ゲームも、「あと1時間だけ」と言う時は完全にゲーム酔いをしています。

「今日はここでやめておこう」とスパッとやめられる人は、酔っていません。

他者に関係なく自分の力でやめられる人は、何をしても大丈夫です。

「酔い」イコール「依存症」です。

他者は依存をやめさせることはできません。

いつも、自分は今どんな状態かを感じることが大切なのです。

心と体を整える工夫　28

どんな状態か、自分で感じよう。

29 階段を上り下りすると、リセットできる。

心と体の健康状態は、都市生活者のほうが疲れていると思われがちです。
実際は、都市生活者のほうが健康なことが多いです。
その逆転現象が起こる要因は、階段です。
車の利用は、地方のほうが多いのです。
都市生活は、車では時間がかかるので電車になります。
電車に乗ると、ひたすら階段を歩くことになります。
渋谷駅だけで、乗り換えで上から下まで10階分ぐらい移動することがあります。
マンション暮らしも、階段の上り下りがあります。
地方の人に「健康にするためにどうしたらいいですか」と聞かれて、「日常生活で階段を使おう」とアドバイスすると、「職場に行くにも、家でも階段というものが自分の動線の中にまったくない」と言われます。

階段生活は、リッチな暮らしです。

階段は、リセットのチャンスなのです。

階段を使うと、筋トレではなく気持ちのリセットができます。

小学校は最低3階建てです。

3階までの階段を使って休み時間ごとに1回、職員室と教室の往復をすると、気持ちが切り替えられます。

一戸建てでも2階までの階段を上り下りすると、リセットできます。

イラッとすることがあれば、階段の上り下りをするだけでいいのです。

これも上下運動です。

上りは心肺機能の練習になり、下りは筋力のトレーニングになります。

下りはラクでも、筋力的には鍛えられます。

1日1回、ハーハーすることです。

階段を、上り下りしよう。

心と体を整える工夫　29

「最近、階段でもハーハーしちゃうんですよ」と言う人がいます。

新幹線に乗る時、エスカレーターがなくて階段で上がらなければならないところもあります。

「すでに電車が来ていて、急いで階段を上って乗った瞬間、どっと汗が出てハーハーしちゃうんです」というのは、いいことなのです。

決して悪いことではありません。

1日1回、ハーハーするようなことがあった時に血流がどっと流れます。

そうすると、体の中でそれぞれ滞りかけているものが血栓をつくらないで体中を循環してくれます。

一番いい状態は、体中の血流も呼吸も循環していることなのです。

階段は、循環を促してくれるのです。

30 怒りっぽくても、忘れっぽい人はリセットできる。

庭園の池や川の水がきれいなのは、水を循環させているからです。
循環させないとどんどん淀《よど》んでいきます。

体の中も、淀ませないことです。

気持ちの問題も、イヤなことがあっても、循環している人は血流や呼吸と一緒に外に出ていくのです。

省エネな体を持つには、いかに新陳代謝のいい、循環する体をつくるかです。

人間関係でも、怒りっぽい人はつき合えないということはありません。

怒りっぽくても、忘れっぽい人ならいいのです。

「怒りっぽいのに、次の日ケロッとしているよね」という人とはつき合えます。**あまり怒らないで、うまくガマンしているようでも「ずっと忘れないで引きずるよね」というタイプは、本人がしんどいです。**

「今は怒っているけど、明日になるとケロッとしているんだよね」ということがだんだんわかってくると、その人とは長くつき合えます。

問題は、瞬間的に怒りやすいかどうかではなく、イラッとした気持ちを押し流す循環回路を持っているかどうかです。

動脈と静脈の２つがある時は、静脈をいかにスムーズに流すかが勝負なのです。

たとえば、友達とビュッフェに行きます。

そこで決めなければいけない役割は、お皿を片づける係です。

みんなは料理を好きなだけ取って来てしまいます。

そうすると、テーブルには、食べ終わったお皿、１切れのピザが残っているお皿、からあげが１個残っているお皿などが溜まっていきます。

料理を持って来るばかりで、お皿を下げないからです。

これがモヤモヤした状態です。

私の実家はスナックです。

スナックは、ひたすら片づけをします。

出すことに必死ではありません。

テーブルを快適にするコツは、いらないモノを片づけることです。

誰が飲んでいるかわからなくなったグラスも全部片づけます。

1切れ残っているものは小さいお皿に移したり、片づけてしまいます。

テーブルの上を循環させて、生きているモノしかない状態をつくるのがスナックの基本です。

人間も、心の中をそういう状態にしておけばいいのです。

心と体を整える工夫 30

循環させよう。

31 今、呼吸が浅いか深いかを考えることで、リセットできる。

意識することで大切なことは、

① **五感感覚**
② **バランス感覚**
③ **内臓感覚**

の３つです。

たとえば、「姿勢がこっちに傾いているな」と気づけば、「こういう形で戻さなくちゃ」とわかります。

傾かないことではなく、傾いていいから、傾いたものをもとに戻せるようにします。

船はけっこう左右に傾きます。

その上で、もとに戻る復元力があります。

ただし、限界を超えると転覆します。

船は、真横になるまで傾かないと転覆できないぐらい復元力がきちんとつくられています。

そのために貨物を底に積んで重りにするのです。


感じることがむずかしいのが内臓感覚です。

自分の手に取って見ることができないからです。

自分の内臓が今どんな感じかわかりにくいです。

内臓の中で、感じやすいのは呼吸です。

呼吸は肺の感覚です。

今自分がどんな肺の状態かは、呼吸でわかります。

ジョギングをしていると、苦しくなってきたことがわかります。

普段デスクに向かって仕事をしている時に、肺の状態がわかるようになるためには、呼吸を意識することです。

「４秒で吸って、４秒止めて、８秒で吐く」という呼吸の指導法の意味は、呼吸を意識するということです。

普段、人間は何秒で呼吸するか考えていません。

「吸ったあと、４秒止める」などと考えなくても呼吸できるからです。

考えないと呼吸できなければ死んでしまいます。

それが呼吸をあまりにも意識しなくなってしまう原因です。

座禅をする時も「呼吸に集中してください」と言われます。

呼吸に集中すると、ほかの雑念が消えます。

通常と比べて今自分の呼吸が深いか浅いかを考えます。

その時「いつもがわからない」と言う人がいます。

もちろん、１回では比較できません。

いつも呼吸に集中していると、「今日はいつもより浅めだな」「最初は浅めだったけど、繰り返して意識していたらいつもの深いところに来たな」ということがわかります。

ベッドで体を横にした時も、フーッと大きく息を吐くことです。
「凄く深い状態が出た。これは寝られる」とわかるようになります。
ベッドに入って深い息を吐き出すと寝られます。
特に意識するのは、吐くほうです。
まじめな人は、吸うのが好きです。
吸うのと吐くのは同じ力具合ではありません。
実際は、吐く力で横隔膜を上に持ち上げる時に頑張っているのです。
「吐いて吐いて、吸う」というサイクルで、吸う状態は力が抜けています。
いかに頑張って吐き切るかということに集中すればいいのです。

心と体を整える工夫 31

呼吸を深くして、姿勢をよくしよう。

32 どちらの鼻で呼吸しているか意識すると、リセットできる。

もっと呼吸を意識できる方法は、今どちら側の鼻の穴で吸っているか考えることです。

風邪を引いた時、鼻が詰まります。

両方の鼻は同時に詰まりません。

それでは死んでしまうからです。

鼻は大体15分交代で、右の鼻で吸ったり、左の鼻で吸ったりしています。

今、自分がどちらの鼻で吸っているかを意識してみます。

そうすると、「今は右の鼻の穴で吸っていたから、今度は左の鼻の穴で吸ってみよう」

と、だんだんできるようになります。

私の感覚では、左の鼻の穴で吸っている時は気持ちが落ちついていきます。右の鼻の穴で吸った時のほうが戦闘モードに入るというのは自分の体験としてわかっています。

この切り替えは、すぐにはできません。

意識することで「こっちからこっちに切り替えよう」と、鼻を押さえなくてもできるようになります。

自分の内臓がどんな状態かを感じられる人は、鼻でスイッチのオン・オフができるのです。

心と体を整える工夫　32

左右の鼻の穴を意識して、呼吸しよう。

33 眉間《みけん》を広げると、ほうれい線が消える。

マスクをしていると耳が凝《こ》ります。

耳が凝るのは頭蓋骨の前が縮まっているのが原因だと、ボディワーカーの藤本靖《ふじもとやすし》さんに教わりました。

頭蓋骨はパズルになっていて、スキ間があります。

マスクの凄く弱い力でも、耳がずっと前に押されていると、顔がグーッと前に寄っていき、最後は眉間のシワになります。

逆に、軽い力でうしろへ、眉間を広げる方向に持っていくと、前へ寄った頭蓋骨が広げられます。

顔は神経の塊《かたまり》です。

視神経・呼吸・味覚などが狭い範囲の中に固まっています。
マスクで、以前にも増して顔の前面がグーッと寄ります。
「あの人はなんか不機嫌っぽいね」というのは、眉間のシワに出るのです。
「この人はなんか感じいいよね」と言われるのは、眉間のシワがない人です。
眉間を広げて、いろいろ固まっている神経がスムーズに流れるようにします。
そうすると、ジョイントの部分が動く状態で、頭蓋骨はスッキリします。
第三者から見ても明らかにわかります。
眉間が広がるだけで目が大きくなり、ほうれい線が消えます。
時代劇の役者さんが、かつらの下布の羽二重をうしろにピッと引っ張ります。
それは眉間をグーッと広げていると、シャープな感じがするからなのです。

心と体を整える工夫　33

眉間を広げよう。

34 笑うと、顔の緊張がほぐれる。

顔の表情筋は、60種類あります。

60種類の表情筋が、笑うことによって緩《ゆる》みます。

特にマスクをしている時は、笑っている人と笑っていない人とでくっきり分かれます。

「この人は感じいいな」という人は、顔の半分しか出ていないのに凄く笑ってる感があります。

一方で、「まったく笑ってないよね」と感じる人もいます。

私は人前で話す仕事をしているので、笑ってもらわないと「怒っているのかな」と不安になります。

「笑ってくれると助かるな」と思い、笑顔で聞く人に目線が向かって、笑わない人はできるだけ見ないようにします。

笑っていない人に、「ちょっと怒っていますか」と聞いてみると、「凄く面白い」と言われることがあります。

本人は笑っているのです。

「こんなに笑ったの初めてだ」と言っても、まったく笑っているように見えません。

普段笑っていないから笑う筋肉が固まっているのです。

顔の表情の筋肉が固まってしまうと、眉間のシワで神経を圧迫するようなことが起こり、感度が鈍くなります。

いろいろな味や手ざわりを感じることができなくなります。

笑っていない人は、匂いもわからなくなります。

神経を圧迫するから、呼吸も浅くなります。

笑っていない人に姿勢のいい人はいません。

姿勢のよさは、力で伸ばすのではありません。

緩んでいるから、姿勢がきちんともとに戻るのです。

人間はもともと姿勢がいいようにできているのに、圧迫して悪くしているだけです。

笑うことで、姿勢と感度がよくなり、匂いもわかるようになります。

「笑っている人のほうが感じがいいな」と、人も集まってくるようになります。


マスクの生活になると、今まで口だけで笑っていた人は通用しません。

目が笑っていないと、口だけの営業スマイルがマスクで封じられた状態になります。

そういう意味では、マスクは、自分が笑っているかどうか判断するのにちょうどいいのです。


まじめな人は、「笑いたいんですけど、面白いことがない」と言います。

面白いことがあってから笑っていたのでは、笑う回数は少なくなります。

笑うために、理由は要りません。

理由がなくても、「こんにちは。中谷彰宏です。アハハ」と挨拶で笑えます。

挨拶に笑うことをセットにすればいいのです。

面白いから笑うのではありません。

顔の筋肉をほぐすストレッチやエクササイズとして笑います。

笑うと、顔の筋肉が動き始めます。

体中の筋肉は全部つながっているのです。

1枚のボディースーツのようなものです。

骨盤底筋群、横隔膜筋肉群など、筋肉はすべて「群」です。

顔にある60種類の筋肉は、すべて筋膜でくるまれて網の目のようにつながっています。

顔の60種類の筋肉をほぐすと、体中がほぐれます。

よくマッサージで「ここが凝《こ》ってるんですけど」と言って、まったく違うところをもまれると、「そこじゃない」と怒る人がいます。

凝っているところをいじるよりは、遠いところからほぐしていったほうが、結局はラクになります。
そこだけで頑張っているのだから、凝っている部分だけを治療しても効きません。
笑っていると、腰痛も肩コリも治ります。
顔が緩むので、首や腰、全体が緩んでくる状態になります。
笑う時は理由なく笑えばいいのです。

心と体を整える工夫　34

理由なく、笑おう。

35 会社では、ブロックモードになる。公園では、観察モードになる。

体でリセットするためには、公園に行くことです。

会社に行くと、「ヘビ（上司）が出たらどうしよう」「猛獣（お客様）が出たらどうしよう」「怖い虫（部下）が出たらどうしよう」という防御反応が生まれます。

ブロックモードになると、体は縮こまるようにできています。

アルマジロが丸まる状態と同じです。

「ここには何があるんだろう」と観察する気持ちになると、体は伸びるのです。

一緒にごはんを食べに行って、「○○さんの料理がおいしそう」と、気になる料理をのぞき込む時は体が伸びます。

男性の鼻の下が伸びるのは、観察モードに入っているのです。

観察モードやリラックスモードに入ると鼻の下が伸びます。

鼻の下が伸びることは、いいことなのです。

それを普段から体験するためには、公園がオススメです。

公園は１週間経つと季節感が変わるので、五感を刺激するものがたくさんあります。

閉じられた空間の中にいると、変化があまりありません。

逆に、自然界は変化しないものがありません。

一瞬ごとに光の加減や温度が変わります。

温度計ではわからない温度変化があり、春の匂いや夏の匂いを感じます。

公園を散歩することによって五感で感じる力がついて、ブロックモードから観察モードに変わります。

子どもは公園に行くと、草むらの中に勝手に入っていきます。

「草むらの中に入ると危ない」とか「ケガをする」と思うのは、大人のブロックモードです。

子どもは気になっていろいろ探検したり、観察したくなります。

ハイハイができるようになった子どもは、なんでも口に入れます。
これはブロックモードではなく、観察モードです。
子どもは、視覚より先に嗅覚と味覚が発達します。
味覚ですべてのモノを確認しようとして、なんでも口に入れるのです。
内臓感覚で、観察しているのです。
内臓感覚が低下していくと、視覚に頼ります。
目で見るだけで反応していると、どんどん感覚が鈍ります。

テレワークが危ないのは、全部画面になるからです。
よく「本からひらめきが浮かぶ」と言います。
これは、３Ｄで見るアナログの本のほうがいいです。
モニターは２Ｄです。
光が画面から出ているのをただ受けているだけで、立体ではありません。
アナログの本は立体です。

光を紙に当てて、その反射を見ています。

しかも、曲線があるものを立体調整しながら見ています。

脳は、立体の動きのあるところに行くと活性化するのです。


脳科学者の黒川伊保子《くろかわいほこ》先生は、「モテる男性にするためには、子どもの時に上下の動きをさせるといい」とおっしゃっています。

よく子どもがガードレールの上に乗って歩くと、親は「危ない」と注意します。

木やガードレール、塀の上に登ったりするのは、その子のバランス感覚だけでなく、あらゆる感覚を鍛える大切な条件になります。

上下運動は外にはあっても、部屋の中にはありません。

子どもの頃のように外遊びをすることで、リセットできるのです。

心と体を整える工夫　35

公園で、散歩しよう。

36

匂いをかぐことで、リセットできる。

私は毎日の習慣として、朝起きるとお線香を薫《た》きます。
本を書く時もお線香を薫いています。
香りが脳を活性化するのです。
お寺でお線香を薫く理由も同じです。
教会に行ってもお香があります。
香りをかぐことによって、脳が活性化します。

料理をつくっている人は食べ過ぎません。
キャベツを炒めただけで、凄くいい香りがします。

その時点で私は満腹感が来ています。

タマネギを炒めただけで、食べた時と同じ香りを浴びます。

そうすると、それほど食べないのです。

味の９割は香りで決まります。

「香りをかいだ？」と聞くと「いや、香りはわからないんです」と言います。

わからないんじゃなくて、今、香りを味わおうとしていないだけです。

それではおいしくないのです。

香りが９割なのに、残り１割でなんとかしようとしているからです。

香りをかぐことによって脳がいったんリセットされるようにできています。


すべての動物は匂いをかぎます。

日常生活の中でも、動物と同じように、匂いをかぐことに対してもっと敏感になる必要があります。

香水をつけすぎている人は、鈍感になります。

香水をビチャビチャかける人は香りに気づかないので、香りをかがない人と同じ状態です。

高校時代にオーデコロンが流行しました。

みんながオーデコロンをつけている状態が苦手でした。

香りが強すぎて酔ってしまうのです。

好きな匂いを持つのはいいことです。

ただ、好き嫌い以前に、「これはこんな匂いがするな」と、あらゆるものの匂いを感じることが大切です。

人間の五感の中で一番最初に発達するのは嗅覚です。

匂いは脳の深いところとつながっていて、好きなモノの匂いは好きになります。

私は学校時代から、4月にもらう教科書の匂いが大好きでした。

その中でも国語の教科書が好きです。

結局、国語が好きになりました。

参考書も、１冊ごとに匂いが違います。

私が本を好きなのは、本の匂いが好きだからです。

本屋さんが好きなのは、本屋さんの匂いが好きだからです。

本屋さんによって匂いが全部違います。

目をつぶっていても、「これは○○の本屋さん」と匂いでわかります。

「子どもに本を読ませたいんです」という時は、親が本の匂いが好きな環境にしていきます。

自分が好きなものは、その匂いが好きになります。

人生において、好きな匂いのコレクションを増やしていけばいいのです。

心と体を整える工夫　36

匂いをかごう。

37 なでることで、リセットできる。

「この人はセンスがある」「あの人はセンスがない」と言う人に分かれます。

「センス」という表現は、凄くむずかしいです。

「センス」とは、感じる力がどれぐらいあるかというセンサーです。

「センス」の反対は「雑」です。

レジ袋が有料になると、みんながレジ袋を持ち歩くようになりました。

その時、

① クルクルッと結んでカバンの中に入れている人

② きれいに折り畳んでいる人

の2通りに分かれます。

レジ袋をきれいに折り畳むコツは、空気を抜くことです。

空気を抜いて端っこから畳んでいくと、最後は小さな三角形になります。

テープもなしに小さくまとまります。

袋の空気を抜く時は、ザッザッと雑にすると抜けません。

空気をうまく抜くコツは、なでるようにすることです。


眠くなるパターンは、鼓動のテンポです。

母親が赤ちゃんをポンポン叩くリズムは、自分がお母さんに叩かれていたリズムです。

抱っこしながら叩いてあげている時のテンポは、ほとんどの人が一定です。

誰にも教わらないのに継承しているのは鼓動のリズムだからです。

鼓動のリズムは、海の波のリズムから来ているそうです。

波を見ると落ちつくのは、鼓動のリズムであり、お母さんに叩いてもらっていたリズムだからです。

抱き方が下手な人は、叩き方のテンポが速くて痛いのです。

なでるのは意外とむずかしいです。

力が入っている時は、なでていません。

力が入ると、そのモノの手ざわりはわからなくなるのです。

すべての人が力が抜ける瞬間があります。

「雨が降ってるか見て」と言われて、「あ、雨が降ってきた」と挙げた時の手の平が一番敏感です。

この瞬間だけは手の力が抜けています。

手に力が入ると、「ちょっと降ってますね」という程度の少しの雨は感じられません。


常に、いろいろなものの手ざわりを味わうことです。

特に日本人はこの力がすぐれているのです。

外国と日本の食器には大きな違いがあります。

外国はコーヒーカップを取っ手で持ちます。

食器に直に手は触れません。

日本の器は、両手で包んで持ちます。

お茶の味わいは、お茶器の手ざわりで決まります。

手のひらでお茶を味わっているのです。

味わっているのは舌だけではありません。

私の実家はスナックなので、ビールやお水の入っているグラスを口に当てた瞬間、唇でグラスの触感を味わいます。

私の父親が「ええグラス使ってる」と言うのは、そのグラスが唇に当たった瞬間の触感がいい時です。

薄いグラスは高価で割れやすいので、お店はあまり使いたがりません。

薄いグラスで飲んだお水はおいしいです。

そういうグラスを使っていると、味に敏感になるのです。

心と体を整える工夫　37

手ざわりを、味わおう。

38 見つめることで、優しくなれる。

なでることの効用は、抱き締めたり、なでたものを好きになることです。


好きだから抱き締めるのではありません。

そのものを抱き締めたり、なでることによって、自分の心がリラックスするのです。

「リラックスしているということは、きっとこれが好きだな」と、人間は緊張をほぐすものが好きになります。

ペットも同じです。

なでられている側は当然心地いいです。

なでられることに勝るとも劣らないぐらい、実際はなでている側も心地いいのです。

お互いにメリットがあります。

ソーシャルディスタンスでタッチができない時は、いい方法があります。

それは、見つめてあげることです。

見つめる側も見つめられている側も、なでているのと同じ効果があるのです。

現代アーティストのマリーナ・アブラモヴィッチがニューヨーク近代美術館で回顧展をしました。

その時、お客様と向かい合い、ずっと黙って見つめ合うだけのパフォーマンスがありました。

どこに立ってもいいし、１日いてもいいのです。

それをギャラリーの人たちが見ているという現代アートです。

見つめられたほとんどの人は「普段、こんなに見つめられたことがない」と、涙がボロボロ出てきました。


私は絵を描きます。

絵を描く時に、モデルさんを目の前に置いて見つめていると、それだけで愛情が湧いてきます。

だから描けるのです。

好きなものが描きやすいのは、見つめるからです。

見つめることで、ますます好きになります。


嫌いな上司は目をそらすので、余計嫌いになるという負のスパイラルに入ります。

見つめると愛情が入ってしまう時は、いい作戦があります。

嫌いな人は、眺めるのです。

「この人はこの人なりに頑張ってるな。偉いな」と眺めてあげます。

眺めたものは、許せるようになります。

「この人の頑張っていることを邪魔したらかわいそうだな」と、愛情の1つの要素である憐憫《れんびん》の情、慈しみの情、思いやりの情が湧いてきます。

それほど好きではないものは眺めてあげると、眺められている側も癒やされるし、眺めている側も癒やされます。

これは愛情ホルモンのオキシトシンが出るからです。

ペットの写真を見るだけで、人間は笑います。

笑顔が苦手な人は、自分の飼っているペットの写真を待ち受けにして、イラッとしたらその写真を見ることです。

ペットの写真は家中のあちこちに置いておきます。

外にいる時も、いつでも見られるようにしておきます。

その写真を見ると、思わず笑えるのです。


経営者で、今までは「負けてはいけない」と強面《こわもて》にしていた人がいます。

その人は、赤ちゃんが生まれた途端、「なんでこんなに優しい人になったんだ」というぐらい人相が変わりました。

毎日、起きたらまず赤ちゃんを見るからです。

人相が変わるのは、顔の筋肉が変わるということです。

表情の影響は大きいのです。

整っている美人や二枚目ということではなく、にこやかであることが見ための要素です。

にこやかになると、自分の精神状態もよくなるし、相手も安心します。

ミラー効果で拡がると、相手もにこやかになってくれます。

結果として、相手がにこやかになると自分も安心するという正のスパイラルにどんどん入っていくのです。

心と体を整える工夫　38

眺めよう。

39 自分の便を見ることで、リセットできる。

自分の便を見ると、内臓感覚がよくなります。

朝トイレに行った時は、自分の便をしげしげと眺めます。

本当は写真を撮ってみんなに自慢したいと思っているくらいです。

「今日はいいのが出たな。これは見事な形で、今年のベスト3に入る」と思いながら、しげしげと眺めます。

「今日のはちょっと失敗」という場合もあります。

納得がいく便の形になった時は、ほめてあげるのが内臓感覚です。

子どもはウンコの話が好きです。

子どもは、内臓感覚の世界で生きているからです。

犬はいいウンコが出た時、うれしくて走り回ります。

爽快感があるのです。

もう1回見て、確認したりします。

「今日はいいのが出ました」と、自分の1つの作品のように喜びます。

これは便に唯一、接することができる瞬間です。

便は、意識して見ないようにしようと思えば、いくらでも見ないで済みます。

それでは、せっかく自分の内臓感覚が味わえる瞬間を手放すことになって、もったいないのです。

心と体を整える工夫　39

いい形の便を、ほめてあげよう。

第3章

人間関係で、
リセットしよう。

40 全部を好きにならなくていい。

人間関係では「好きな人とどうしたらいいいか」より、「嫌いな人とどうしていけばいいいか」で悩むことが多いのです。

まじめな人は、

「嫌いになっている自分はダメな人間じゃないか」

「男として器の小さい人間なんじゃないだろうか」

「イヤな人じゃないだろうか」

「マザー・テレサのように、みんなをもっと好きになることはできないだろうか」

と、つい考えてしまいます。

「世の中の人をすべて受け入れる」ということはむずかしいのです。

好き嫌いがあるのは当たり前です。

今この瞬間に「いまいち嫌いだな」と思っているだけで、明日は好きになっている可能性もあります。

誤解が解けた瞬間に「そうだったの？　ゴメンゴメン」ということもあるのです。

ドラマでは、悪役が、最後はいい役に転ぶのが一番おいしいです。

「みんな好きにならなければいけない」と思うと、「エッ、あの上司も？　それはできない」と、苦しみます。

ムリヤリ好きと思おうとする時点でストレスになります。

好き嫌いはあっていいのです。

好きでなければ、全部嫌いということでもありません。

好きなものと嫌いなものが少しあるというだけです。

そのほかは、別に好きでも嫌いでもありません。

「どちらでもない」ものをたくさん持てばいいのです。

よくある会話で、

「○○さんのことは好き？」

「いや、ちょっと」

「あ、嫌いなんだ」

と、誤解されることがあります。

「嫌い」とは答えていません。

好きが1％、嫌いが1％、98％はどちらでもないです。

人を好きになろうと頑張るのは、自分が嫌われたくないと思うからです。

「嫌った人は、仕返しとして嫌われるのではないか」という気持ちがどうしてもあるのです。

自分が嫌ったからといって、相手から嫌われるとは限りません。

相手からどう思われているか、気にし過ぎないことです。

そもそも、好きでも嫌いでもないことが多いのです。

しかも、好き嫌いの感情は動きます。

「どちらでもない」から「好き」になることもあれば、「嫌い」から「好き」になることもあります。

流動的なものなので、悩まなくていいです。

カテゴリーとして全部「好き」になる必要はなく、「どちらでもない」を持っていればいいのです。

心と体を整える工夫　40

「好き」「嫌い」のほかに、「どちらでもない」を持とう。

41

子どもがノートを破るのは、反抗ではなく、折紙が欲しいだけだ。

リモートトレッスンで、「子どもが登校拒否なので、相談に乗ってもらえますか」と言われました。

「その子と話してみましょう」と言って、次の回に来てもらいました。

小学校1年生でした。

お父さんが用意したノートをその子が破り始めました。

お父さんはハラハラしていました。

これは反抗ではありません。

「ノートを破り始めるのは親への反抗」と思うのは、解釈が間違っています。

その子は折紙が欲しいだけです。

ノートが気に入らないのではなく、「折紙をするのにいい紙があった」と思って破っています。

その子には折紙を与えてあげればいいのです。

子どもの行為を自分への攻撃と解釈することはたくさんあります。

「自分への敵意のあらわれとしてノートを破った」という解釈は、相手からすると、そんなつもりはまったくないのです。

相手がしている行為には、相手なりに攻撃以外の目的があります。

たとえば、新幹線で前に座った人が突然リクライニングシートを倒しました。

この時点でイラッとするのは、攻撃と考えるからです。

それは攻撃ではありません。

「自分はお弁当を食べているのに、なんで挨拶もなしに倒してくるんだ」と、ムッとしないことです。

その人は疲れているのです。

「ここでやっと寝られる」とほっとして、うしろに挨拶する余裕もなく倒したのです。

相手に敵意は何もないのに、自分が勝手に敵意と解釈しているだけです。そういう時は「ああ、この人は疲れてるんだな」と思えばいいのです。

うしろに声をかけようと思っている人でも、それができないぐらい疲れている場合もあります。

自分の中で勝手に解釈を変えるだけで、相手が敵対する行為ではない状況に変わるのです。

心と体を整える工夫　41

相手に、違う目的があると知ろう。

42
「一緒に、行きたくない」は、今、行きたくないというだけだ。気持ちと気分を区別する。

「一緒に○○へ行こう」と友達を誘って断られると、たいてい凹《へこ》みます。

「せっかく自分が美味しいお店を見つけて、たまにしか食べに行く機会がないのに、なんで断るんだろう。嫌われている」という解釈になるのです。

友達に断られたことは、「あなたと行きたくない」でもないし、「あなたが嫌い」でもありません。

「今回はいいかな」と言ったのは、「今そういう気分じゃない」と言っているだけです。

「主義」と「気持ち」と「気分」を分けることです。

「主義」＝「あなたとは行かない」

「気持ち」＝「あなたとは行きたくない」
「気分」＝「今は行きたくない」

相手が断ったのは、ただ気分で言っているだけです。

今この瞬間だけで、1分後には「やっぱり行く」と変わる可能性があります。

その時、「さっき、行かないと言ったじゃないか」と言う人は、断られたことでめげているのです。

男性が女性に対して「さっき、行かないと言ったじゃないか。もう二度と誘わない」とキレているのは、よほど一緒に行きたかったのです。

好きの裏返しで『女心と秋の空』と言うようにコロコロ変わる」と怒ります。

相手の気持ちをコロコロ変えさせてあげればいいのです。

「行く」と言ったのに「行かない」と言うこともあれば、「行かない」と言ったのに「行く」と言うこともあります。

誰もが発言を変える権利があります。

相手の変える権利を認めてあげるということは、自分も変える権利があるということです。

相手が「行く」と言ったら「行く」、「行かない」と言ったら「行かない」と発言を変える権利がないとなると、しんどいです。

自分も変えられなくなります。

相手が「行かない」と言ってくれると、凄くラクです。

次回、自分も「行かない」と言えます。

相手に全部「行く」と言われると、きついです。

自分も断れません。


撮影現場でベテランの俳優さんがＮＧを出してくれると、ほっとします。

そうしないと、凄いプレッシャーがかかりＮＧを出してしまうのです。

ベテランの俳優さんに先にＮＧを出してもらえると、リラックスできて、その現場ではＮＧが出ません。

ベテラン俳優さんは、わざとNGを出してくれています。

NGは「出しちゃいけない」と思うと出てしまいます。

「NG出してもいいんだな」と思うと、出ないのです。

NGとはそういうものなのです。

「なんでコロコロ変えるんだ」と怒らないことです。

「行かない」と言ったのに、「行く」と言って、また10秒後に「やっぱり行かない」と言うこともあります。

それはそれで「じゃ、今度にしよう」と認めてあげることが大切です。

人間関係において、変更ができる人とはつき合えます。

変更した時にキレる人とはつき合えないのです。

心と体を整える工夫　42

気分は、変わると考えよう。

43 「嫌いな人」ではなく、「よく知らない人」だ。

嫌うことを恐れる人がいます。

まじめな人は嫌うことに対して、罪悪感があるのです。

組織は、「好き嫌いを言ってはいけない」と教えます。

そもそも「嫌いな人」はいないのです。

「よく知らない人」がいるだけです。

「嫌い」というのは、「その人をよく知らないから、いいところが見つかっていないだけで、そのうち見つかるかもしれない」という状態です。

よくあるのは、本当は好きで、高まった期待感が裏切られた時に「嫌い」と言うことです。

好きだから期待が上がり、その期待通りにならなければ「嫌い」と言うのは、よほど好きなのです。

「好きでない人」には期待感は上がりません。

「嫌いな人」とはできるだけかかわらないほうがいいです。

「嫌いな人」には嫌われるのがベストです。

そうすれば関係が生まれないからです。

めんどくさいのは、「嫌いな人」に好かれることです。

「どうやって断ろう」と考えなければなりません。

「嫌いな人はよく知らない人だから、よく知ったほうがいいのかな」と思わなくても大丈夫です。

全員のことをよく知る必要はありません。

それよりは、今知っている人をもっと知ったり、知りたいものをもっと探求することが大切です。

自分が嫌われているとしたら、それはよく知られていないだけです。

この時も、よく知ってもらう必要はありません。

人に知られていないことほど、精神的にストレスがかからないことはありません。


ある一流高級宝石ブランドの社長さんがいます。

ニューヨーク五番街にオフィスがあって、家が近くにあります。

ほかの社長はみんなガードマンがついて、防弾ガラスの車で帰ります。

その社長さんは家まで歩いて帰ります。

誘拐ビジネスのかっこうのターゲットです。

プロフィール写真が一切公表されていないので誘拐の心配がありません。

その人の顔を知っている人がいないので、誰が社長かわからないのです。

全員に知られることを目標にするより、全員に知られなくていいと考えればいいのです。

心と体を整える工夫　43

全員に、知られなくていい。

44

家族も会社の人も、「つかず離れず」がベストだ。

家族や会社の人は、距離が近いです。

そこそこ知っていて、知らないというわけにもいきません。

近い人ほどつかず離れずの距離感がいいのです。

自分の配偶者や子ども、親のことを全部知らなければいけないということはありません。

それぞれ1人の人格として、知ってほしいことは知ってあげてもいいけれども、知られたくないこともあります。

全部知ることが、オシャレとは限りません。

「全部わからなくていい」というのが平安の雅《みやび》の美学です。


そのために、和歌は31文字しかありません。

31文字では伝えきれないものがたくさんあります。

和歌は、その時の思いを冷凍保存しているのです。

読み手には解凍する能力がいります。

わかる人にはわかるし、わからない人にはわかりません。


私は高校の短歌部で、朝日歌壇に応募して、五島美代子《ごとうみよこ》さんに選んでもらいました。

自分では「これは言葉やシチュエーションがちょっとわかりにくいかな」と心配していたので、「やっぱりわかる人にはわかるんだ」と、凄くうれしかった記憶があります。

それぐらいのつかず離れずの距離感がベストです。

平安の美学は、「梅の花の香りが感じられるところまで寄ったらアウト」と言われます。

これ以上寄ると香りがわかってしまう距離より、手前にいるのがベストな恋の関係とされていました。

身近な人、大切な人には、つい近づいたり、もっと近づきたくなる気持ちもわかります。

よく「身近で大切な人ほど礼儀が必要」と言います。

つかず離れずで、ある一定の距離をとっておくことが大切です。

会社の人間関係で悩んでいる人は、やる気満々で近づき過ぎなのです。

もともとやる気のない人は悩みません。

「お先です」と、すっと帰ります。

日本の社会において人間関係で悩むのは、会社の中で人と近づき過ぎるのが原因なのです。

心と体を整える工夫　44

大切な人ほど、つかず離れず。

45 「あなたは間違っています」と言われたら、「おっしゃる通りです」と答える。

「あなたは間違っています」と批判をする人がいます。
たったひと言、「おっしゃる通りです」と言えば終わります。
言い返すから疲れるのです。
これは、省エネです。
夫婦ゲンカでも会社内の上司と部下のケンカでも同じです。
この時、いいのは「おっしゃる通り」という丁寧語です。
これがあるお陰で相手を切り離せるのです。
敬語は相手とうまく壁をつくる言葉です。

社会の中で敬語が生まれたのは、相手との距離感を保つバリアとして有効だからです。共感も有効です。

自分が「こうしようよ」と言った時に、相手に「それはイヤだ」と言われたら、自分で誘っておきながら「僕もそう思うんだよね」と言うのです。

私の同期で、大きな会社の社長になった男がいます。

彼はムリせずこれが言えるのです。

これで相手も自分もストレスを感じなくなります。

ここで議論に勝つ必要は、まったくありません。

説得しなければいけない状況は、１００のうちの1個です。

99個は説得する必要も自分の意見を通す必要もないのです。

情報化社会になって、「あなたは間違っています」と言う人が増えています。

情報化社会は似たような考えの人たちが集まります。

似たような中の、ちょっとした違いが気になるのです。

まったく好みの違う人たちが集まると、最初から違うと思っているから、意見のズレが気にならなくなります。

価値観の不一致で離婚した人も、実際は価値観は99％一致しています。

その価値観で好きになったのに、一緒に暮らしてみると、一致しない１％が許せなくて離れてしまうのです。

価値観は、１％の一致、99％の不一致が一番長く続きます。

みんな違うと思えば、ストレスも感じないのです。

「多様性」とは、イコール「寛容性」です。

多様性があるから好きな者同士一緒にいようというのは、逆の考え方です。

多様性とは、自分とほとんど似ている相手の少し違うところを許せることです。

この多様性と寛容性はセットなのです。

心と体を整える工夫　45

「私も、そう思います」と
共感しよう。

46

「好き」にならなくていい。

「嫌いな人をどうしても好きになることができません」と言う人がいます。

「嫌いな人」を好きになる必要は、まったくありません。

それよりは、**「あなたはあなたで頑張ってください。心の中で応援しております。私は私で頑張ります」**と思っていればいいのです。

これが一番距離をとる方法です。

その人をなんとか変えようとか助けようというのは、大きなお世話です。

それをするから相手からも同じことをされるのです。

すべての人が自分の課題に対して頑張って生きています。

人の課題にかまう時間があったら、自分の課題に向かっていきます。
自分の超えなければいけない壁に向かって、努力・工夫することに時間をまわしたほうがストレスはなくなるのです。

心と体を整える工夫　46

「頑張ってね」と思いやればいい。

47 「あなたが嫌い」というのは、「かまって」という叫びだ。

情報化社会では、名指しで「あなたが嫌い」と言われます。

「嫌い」という言葉をそのまま鵜呑みにしなくていいのです。

それは子どもが「ママ、嫌い」と言うのとまったく同じです。

「かまって」ということです。

「嫌い」と言う人は「かまって」と叫んでいると考えて、「自分は好かれているな」と思っておけばいいのです。

「かまうか、かまわないか」は自分で決めます。

その人を好きでなければスルーします。

好きならかまいます。

選択肢が相手にあると思うとストレスになります。
選択肢の決定権が自分に来たと思うとラクになるのです。
みんなをかまうのは不可能です。
それはマザー・テレサに任せておきます。
自分の好きな人を１人かまうだけで十分です。
そうすれば、自分がかまった人が、また誰かをかまいます。
そうやって世の中の人は、すべて誰かが誰かをかまうことになるのです。
それで世の中は助かります。
自分が正義の代表になってすべての人をかまう必要は、まったくないのです。

心と体を整える工夫　47

みんなを、
かまってあげなくていい。

48

多数派に入ると、しんどくなる。

意見が分かれた時は、つい反論したくなります。

それは「自分は多数派である」という錯覚から来ています。

最初から「自分は少数派である」というスタンスでいると、自分の意見が通じなくても納得できます。

私が本で書いていることも完全に独断と偏見です。

最初からそう思っていると、読者に「この本は間違っていると思います」とか「言っていることがわからない」と言われても、何もビクビクしなくなります。

本の役割は、いろいろな考え方を提示して、みんなが考えるキッカケをつくることです。

本の通りにする必要はありません。

本を読むことで、「そんな考え方、そんなやり方もあるのか」と、考えてもらえればいいのです。

それをするもしないも、自分なりにアレンジするのも、読む人の自由です。

「こういう方法もあるよ」という引出しを1つ増やす方法として読めばいいのです。

多数派にまわろうという気持ちになればなるほど、多数派になった瞬間からしんどくなります。

「多数派なのに反論されるのはどういうこと?」と、しんどさが出てくるのです。

心と体を整える工夫　48

自分の考えは、少数派だと考えよう。

49 責任をとる人は、悪口を言わない。

一人の小学生が不登校になりました。

お父さんは塾の先生なので、勉強は幸いお父さんが教えることができます。

近所の親御さんから「それはかわいそうだ。子どもにも社会的なつき合い方とかマナーを教えるために社会生活をさせたほうがいい。学校に行かせないのは親のひとりよがりで虐待だ」と、さんざん言われて、つい反論してしまったそうです。

反論は要りません。

意見は言わせてあげて、「なるほど。貴重なご意見ありがとうございます」と言えばいいのです。

その人の考えに対して、「そうじゃない」と言う必要はまったくありません。

「学校に行かせたほうが絶対にいい」と言われたら、「そうですか。じゃ、うちの子どもを育ててください」と、預けてしまえばいいのです。

その覚悟があるかどうかです。

第三者がいろいろな意見を言うのは、責任をとる立場でないからです。

いざ責任をとる側の立場になったら、生半可なことは言えなくなるのです。

やいやい言う人は責任をとる覚悟のない人です。

責任をとる覚悟のある人は、やいやい言いません。

「あの映画はここがダメだ、あそこがダメだ」と言う人は、映画をつくったことのない人です。

本に関しても、「この本のここがダメだ、あそこがダメだ」と言う人は、本を書いたことのない人です。

自分が少しでも書いていると、これは大変だというのがわかります。

私はＣＭをつくっていたので、ＣＭを見ると、「ここが大変だよね」「あそこが大変だよね」「このプレゼンよく通したな」「どうやって通したのかな」ということばかり考えています。

このＣＭの「あそこはダメだ」というのは、ＣＭをつくったことのない人が言うことなのです。

心と体を整える工夫　49

責任をとれない人の悪口は、スルーしよう。

50 尊敬できる人が１人いるだけで、リセットできる。

人間関係の中でリセットする方法は、尊敬できる人を１人持つことです。

大切なのは、尊敬する人は１人でいいということです。

尊敬する人が大ぜいいる必要はまったくありません。

尊敬する人が１人いるだけで、「あの人が大丈夫と言ってくれたから大丈夫」と、安心してリセットできるのです。

リセットできないのは、リセットして本当に大丈夫かどうか怖いからです。

リセットは今の状態をゼロベースに戻すことです。

パソコンやＴＶやゲームにもリセットボタンがあります。

取説があれば安心してリセットできます。

尊敬する人は、心のトリセツです。

「大丈夫、大丈夫。リセットしてみたらいいよ」と言って、安心してリセットさせてくれるのが師匠という存在なのです。

心と体を整える工夫　50

尊敬できる人を、1人持とう。

51 不安を話せる人が1人いるだけで、リセットできる。

もう１人、人間関係で必要なのは、自分の不安を口に出せる人です。

これは師匠でもいい。友達でもいいのです。

一番つらいのは、「不安だ」ということを口に出せないことです。

自分の悩んでいること、困っていること、恥ずかしいことを言える人が１人いるだけでいいのです。

かかりつけのお医者さんのようなものです。

体調が悪い時は、不安もあるし、恥ずかしいという思いもあります。

それを相談できるお医者さんが１人いたら、必要があれば別の科の先生を紹介してくれたり、別の病院に紹介状を書いてくれます。

たくさんのお医者さんを知らなくても、たった1人の信頼できるお医者さんがいるだけでいいのです。

大切なのは自分が信頼できるかどうかです。

時々、「10人のメンターに相談したのですが、みんな言うことがバラバラです。どれを信じたらいいんでしょうか」と言う人がいます。

それはメンターの定義が間違っています。

言われたことを100%、なんのエビデンスもなく信じることができるのがメンターです。

2人以上の意見を参考にして比べるのは「メンター」とは呼びません。

それはただの身の上相談です。

不安は人に話した瞬間にリセットされます。

解決されてリセットするのではありません。

不安を話せる人がいなければ、ノートに書く方法もあります。

そうすれば、ノートが話を聞いてくれる相手になります。

リセットで大切なのは、溜め込まないで外に出すことです。

怒りも同じです。


私も怒りでちゃぶ台をひっくり返したくなるような時があります。

ひっくり返さないで済んでいるのは、私には自分の怒りを外に出して、それを冷静に眺めることのできる「本を書く」という手段があるからです。

出版するしないは関係なく、紙に書くだけで自分の外側に出すことができます。

その瞬間がリセットです。

溜め込まないことが大切なのです。

心と体を整える工夫　51

不安を話せる人を、１人持とう。

52 権力よりも、世間のほうがつき合うのがむずかしい。

サラリーマン社会だった時代は、人間関係で一番つらいのは上司でした。
情報化社会は、サラリーマン社会よりも大きな会社をつくり上げました。
そこで一番つらいのは世間体です。
上司が一番強かったのは昭和の時代です。
平成以降は世間が一番強いのです。
世間体が権力者よりも、もっと強い存在になったのです。
ここで大切なのは、世間と適度の距離をとることです。
距離は自分で決められます。
世間に寄り添おうとし過ぎると、世間体で疲れてしまいます。

リセットとは距離のことです。

近づき過ぎた世間から少し距離をとるのです。

近過ぎると、相手が優しい時は幸せですが、相手が冷たくなった瞬間に、その冷たさを猛烈につらく感じます。


ストレスは距離に反比例します。

つらい人から離れると、少し離れるだけで、楽になるのです。

しんどいのは、明らかにイヤな人に近づいているからです。

距離には「物理的な距離」と「心理的な距離」があります。

イヤな人について考えている時点で、すでに心理的な距離が近づいています。

なぜわざわざイヤな人のことを考えるのかということです。

それはイヤな人を自分の脳の中の部屋に住まわせているのと同じです。

どうせ住まわせるなら、好きな人を住まわせればいいのです。

復讐したい人がいるなら、脳の中で無視して、その人について考えないようにします。

反論は必要ありません。

反論しないための一番いい方法は、「頑張って」「おっしゃるとおり」と言ってスルーすることなのです。

心と体を整える工夫 52

世間と適度な距離を持とう。

第4章

習慣で、リセットしよう。

53
見学すると、デメリットを探す。体験すると、メリットが見つかる。

好きなものは、リセットさせてくれます。

習慣化していることが好きになり、好きなことは習慣化していきます。

「好き」と「習慣」がサイクルに入るのです。

習いごとの先生が悩んでいるのは、体験レッスンのアンケートで「ぜひ習いたい」と書きながら、実際には来ない人がいることです。

体験レッスンには、「見学の人」と「体験の人」の2通りの人が来ます。

見学に来た10人のうち、実際に始めるのは0人です。

体験に来た10人のうち、実際に始めるのは10人です。

始めるか始めないかは、体験レッスンに最初に見学で来ているか体験で来ているかで、分かれるのです。

見学で来る人は、デメリットを探しています。

体験で来る人は、メリットを探しています。

ここが大きな分かれ目です。

体験の人は「これをしたらどんな楽しいことがあるだろうか」ということを一生懸命探しています。

見学の人は「これをしたらどういうデメリットがあるだろうか」と探しているから、デメリットしか見つからないのです。

裏を返せば、自分が何かを始めようとする時に、見学で行くとデメリットしか見つからないということです。

体験で行かないとメリットは見つかりません。

デメリットは、お金だったり、時間だったり、リアルに目に入ります。

メリットは、3カ月、半年、1年、10年経って、ようやく「やってよかったな」とわかります。

目に入るものだけを見る人は、何も始められません。

目に見えない何かを信じて、万が一それが手に入らなくてもやろうと思える人が何かを始めるのです。

心と体を整える工夫　53

見学より、体験しよう。

54 いいことを話すと、脳がリセットできる。

アンケートを書く機会があります。

「満足しましたか」で5段階から選ばせたり、値段が高いとか安いとか、あの質問はまったく意味がありません。

そんな質問は無視して、今日来てよかったこと、その本を読んでよかったことを書けばいいのです。


「よかったことを探す」か「よくなかったことを探す」かは、脳の根っこのところでスイッチが分かれています。

「よかったことを探す」モードになれば、よかった1個が見つかります。

1個見つかると、2つ目、3つ目もすぐ見つかります。

よくなかったことを言っても始まりません。

脳を「よかったことを探す」モードにすることです。

高いか安いかという質問も、よかったことが見つからなかったら、それは高いということです。

最初から「よくなかったことを探す」モードに入っていたら、「高い」という結論になるのは決まっているのです。


映画の試写会に行くと、出口で配給会社の人に「中谷さん、どうでした?」と聞かれます。

私は映画を見ている間に、帰りにほめるところを一生懸命探します。

冒頭10分ぐらいのところで、「これがいいな。帰りにここをコメントしよう」と思っていると、その後も面白いところがたくさん見つかります。

映画や本の感想を聞かれた時は、「面白かったのはね……」から始めます。

そうすると、そんなに面白くなかったとしても、話しているとだんだん「そういえば、ここも面白かったな」というところが見つかります。
それは脳のスイッチが「面白いものを見つける」モードに入ったからなのです。

心と体を整える工夫　54

アンケートには、「よかったこと」を書こう。

55 次のことを考えるから、今することができない。

アドバイスをした人は、次に会ったら、どうだったかを聞きたいのです。

ところが、「こういうことをするにはどうしたらいいんですか」と、また別な質問をする人がいます。

これはアドバイスのもらい方の下手な人です。

「オススメの映画はありますか」「この映画、面白いと思うよ」というやりとりがあったあとに、次に会った時に「オススメの本はありますか」「あれ、この間、勧めた映画はどうなったのかな」ということが起こるのです。

アドバイスをした時に、「なるほど。ところで、それをしたあとに何をすればいいんですか」と言う人もいます。

「かたづけ士」の小松易《こまつやすし》さんは、「まず、あるモノを全部出しましょう」とアドバイスします。

ここで全部出せる人は片づきます。

片づけられない人は、出す前に「出したあとどうするんですか」と聞くのです。

「出したら捨てなければいけないのかな」とか「出したら分けなくてはいけないのかな」と言いながら、片づけながら分けています。

次のことを考えながら今のことをしようとすると、クヨクヨして集中できなくなります。

その先生のことを信じていたら、とりあえず今のことに集中します。

先生は最短コースでルートを教えています。

その後どうするかは、今のことが終わってから聞けばいいだけのことです。

次のことを聞いた瞬間に、今していることを純粋にできなくなるのです。

片づけも一つのリセットです。

片づけられる人の特徴は、「出してみてください」と言われたら、1分で全部出せることです。

片づけられない人は出すのが遅いのです。

散らかっているモノをすぐに全部出せる人は、心の悩みもスッと言えます。

相談ごとがなかなか言えないタイプの人は、「これを言ったらこんなふうに言われるんじゃないか」とクヨクヨ考えています。


次のことを気にすると、今の作業に集中できないのです。

心と体を整える工夫 55

次のことを考えないで、
今のことをしよう。

56
全部出して、全部戻すだけで、リセットできる。捨てなくていい。

片づけは、部屋が片づくことだけがメリットではありません。

心が片づくことが一番のメリットです。

テレワークが始まると、家の中にモノが増えてきます。

まず、会社のモノが家の中にどんどん入ってきます。

家の生活もあるので、ついホームセンターに行って、いろいろな生活グッズを買ってしまいます。

カメラワークの画面のうしろのモノをどかしたシワ寄せで、どこかのコーナーはパンパンです。

カメラワークのギリギリいっぱい外側が、とっちらかった状態になるのです。

これが今、それぞれの家で起こっていることです。

家の中のモノが減ることが快適な環境づくりになります。

これは一つのリセットです。

たくさん入れられることがハッピーなのではありません。

常に頭の中が空っぽなのがリセットされた状態です。


段ボールに入れっぱなしで中に何が入っているかわからない荷物は、永遠に片づきません。

油性ペンで「衣類」と書かれているだけで、常にその箱ごと動いています。

3回前に引っ越した時から、ずっとガムテープで閉じられたままです。

それは結局、いらないモノです。

はたして本当に衣類が入っているかどうかもわかりません。

リセットは、全部出して、全部戻すだけでいいのです。

何一つ捨てなくてもリセットです。

「リセット」イコール「捨てる」ことではありません。

捨てなければいけないと思うと、出したくなくなります。

結局、使わないモノを持ち続けることになるのです。

大切なのは、そこに何があるかわかることです。


不安も恐怖も話すことが大切です。

不安を口に出せるようになったスポーツ選手は、一段上がります。

「楽しくてしょうがない」「今日は楽しみに来ました」「楽しかった」で終わっているうちは、ステージ的には一段下です。


部屋の中の荷物を片づけると、その人自身の気持ちがリセットされます。

気持ちにモヤモヤを溜めている人は、カバンの中身がいらないモノだらけです。
そういう人は、フットワークが悪くて遅刻が多いのです。
中に何が入っているかわからないから、大切なモノを忘れて来ます。
荷物をたくさん持っているわりには肝心なモノが入っていないのです。
その人の心の中の状態は、そのまま持ち歩いているカバンの中身です。
一回、カバンの中を全部出して、全部戻してみます。
といっても、実際には全部は戻しません。
腐っているものは戻せないのです。

心と体を整える工夫　56

全部出して、全部戻そう。

57 旅は、距離ではなく、興味から生まれる。

海外旅行が趣味だった人が「海外旅行に行けなくなってストレスが溜まるんです」と言っていました。

その人は旅行好きです。

「旅行」と「旅」は違います。

旅行は、目的地に行くことです。

旅は、ここではないどこかに行くことです。

旅に距離は関係ありません。

近所を歩いても面白いものは見つかります。

よく知っているものの中に知らない部分を見つけられるのが旅です。
旅行をする人は、何カ国行ったということが自慢です。
旅をする人は同じところに何回も行きます。

観光大国のフランスは今、外国からの旅行者がいなくなりました。
にもかかわらず、世界遺産のモン・サン＝ミッシェルは例年よりお客さんが増えているそうです。

国内の人たちが行って楽しんでいるのです。
海外旅行ができなくなると、国内のいいところが見つかります。

県またぎができなければ、県内で面白いところを探せばいいのです。
県またぎが自由にできた時は、他県の面白いところに行っていました。
それができなくなって、身近な面白いものに気づくようになりました。
電車にも乗らないで、徒歩圏で面白いものがたくさん見つかるのです。

自粛期間に「旅行」から「旅」への進化が起こりました。
旅行ができないからストレスが溜まるということでは決してないのです。

心と体を整える工夫　57

近所の面白さに気づこう。

58 礼儀正しくすると、リセットできる。

「礼儀正しい」とは、「自分の欲望のまま動かない」ということです。

自分だけのことを考えないことです。

ほかの人に不快感を与えないということです。

自分が好き勝手に振る舞うと、ほかの人に不快感を与えます。

たとえば、リクライニングシートを倒す時に、うしろの人にひと声かけるのはめんどくさいです。

出張先でイヤなことがあると、帰りの新幹線ですぐに寝て気持ちを切り替えたくなります。

その時、うしろの人に丁寧に「すみません、椅子を倒していいですか」と言って感じのいい人になった瞬間に、今日あったイヤなことは消えます。

礼儀正しくすることは、うしろの人にメリットがあるというよりも、自分にメリットがあるのです。

うしろの人がイヤホンをしてゲームに熱中していることもあります。

声をかけても、ジロッと見るだけでノーリアクションです。

その時に、「なんだ、こっちが丁寧に言っているのに」と思わなくていいのです。

「感じ悪い人にも僕はこんなに感じがいい」と思えば、それだけで自分の気持ちがリセットできるのです。

心と体を整える工夫　58

礼儀正しくしよう。

59

失敗を話すことで、リセットできる。

気持ちを立て直す方法は、「今日、こんな失敗しちゃった」と口に出すことです。

口に出して言えないことは、心の中にどんどん溜まっていきます。

忘れようと思っても、忘れることはできません。

忘れたつもりでいても、粗大ゴミのように心の中に残っているのです。

恥ずかしかったこと、失敗したことを口に出した瞬間に、それは外に出ています。

自分が誰かから失敗話を聞いた時は、「バカじゃないの」と言って笑い飛ばしてあげるのが一番です。

失敗話をする人は、笑われて救われようとしています。

そこで説教されたり、慰められるのはつらいのです。

失敗を話す相手は、誰でもいいわけではありません。

失敗を聞いて、説教する人に話すと、ますます落ち込んでしまいます。

失敗を話す時は、笑って聞いてくれる人に話すことです。

失敗を話した相手が、笑って聞いてくれた時に、「真剣に、聞いてくれない」と怒る人もいます。

笑ってくれた人に怒る人は、同情してくれる人に話して、ますます落ち込むことになります。

失敗を話していいかどうかは、話す相手を選ぶことにかかっているのです。

心と体を整える工夫　59

失敗を話せる人を、１人持とう。

60 習いごとをすると、リセットできる。

習いごとで教わるのは、テクニックや技術や知識よりも、マナーです。

マナーを教わると、習いごとをしている過程で自分の気持ちがリセットできます。

日常の中で、いつの間にか利己的な気持ちになっていくことがあります。

イライラしている時に、その状態からもとへ戻すのがリセットです。

イライラは、自分の願望がうまくいかないことから生まれます。

絶望も、「みんなが賛成してくれるはずだと思ったのに賛成してくれない。どういうこと？」と思うことから生まれます。

その絶望感をなんとか埋め合わせをしようとしてイライラするのです。

それをリセットすることが大切です。

習いごとをしよう。

心と体を整える工夫　60

92歳の現役モデル、ダフネ・セルフさんは17歳の時に乗馬を始めました。

ダフネさんが乗馬から教わったのは、姿勢がよくなるとか動きがエレガントになることではありません。

自己を律する気持ち、自律心を身につけたのです。

これは乗馬に限らず、あらゆる習いごとに通じます。

自分を律するとは、リセットすることです。

ほうっておいたら、我欲はどんどん出てきます。

我欲が通じるのは赤ちゃんの間だけです。

大人になって我欲を出しても、通らないことのほうが圧倒的に多いのです。

その時に気持ちの折り合いをどうつけるかです。

「いかん、いかん、我欲を出しすぎた」と戻ってくるのがリセットなのです。

61

親切にすると、リセットできる。

モヤモヤしている気持ちは、誰かに親切にするだけでリセットできます。

みんなに好かれるために親切にするのは、見返りを求めています。

「親切」の定義は、誰かのために見返りなしで何かをすることです。

「親切にしたのに『ありがとう』と言ってもらえないんです」と言うのは、親切の定義が間違っています。

「ありがとう」も言われないし、ほめられもしない、誰がしたかもよくわからないのが親切です。

親切なことをするのは、それによって自分の気持ちがスッキリするからです。

人間はそういうプログラムになっているのです。

なぜそうなっているかはブラックボックスです。
その仕組みはわかっていません。
仕組みがわからなければできないということはありません。
「それをしたらスッキリする」という経験則がわかっていればいいのです。
挨拶をするのも、とりあえずスッキリするからです。

数学の方程式の証明問題は、一回解いてもすぐに忘れます。
方程式の意味は忘れても、その方程式を使えば問題がラクに解けるのです。
すべてのことがわかる必要はありません。
スマホの仕組みがわからなくてもスマホを使えるのと同じです。
使えば便利ということがわかっていればいいのです。

心と体を整える工夫　61

親切にしよう。

62

リセットを、習慣にする。

普段リセットをしていない人が、たまにリセットしようとしても、うまくいきません。

「えーと、リセットってどうするんだっけ」と、わからなくなります。

リセットのリモコンがないという事態が起こるのです。

いつも使っているリモコンは、目をつぶっていても、文字を読まなくてもそのボタンが押せます。

同じように、リセットも習慣化して、毎日リセットすればいいのです。

トイレに行くのもリセットです。

出しているのは、おしっこではなく、体の中の毒、体の中の迷い、体の中に起こったイヤなものです。

そこには窓があいているから、窓で深呼吸をして新鮮な空気を中に入れることができます。

冷たい風が顔に当たり、雰囲気が変わって、姿勢を伸ばした瞬間に滞っていたものが流れるのです。

体はこんなに高性能にできているのに、小まめにトイレに行かなければならないのは不思議です。

１日何回か、定期的にリセットできるチャンスがプログラミングされているのです。

あくびは酸欠になった体に酸素を補充します。

固まったところを緩《ゆる》めるという意味でも、あくびは有効なのです。

目の前の人があくびをしていると、退屈しているんじゃないかと心配になります。

ある時、デートで女性が凄いあくびをしたことがありました。

男としては不安になります。

ここで私は「普段ちゃんとしている人があくびをするということは、心を開いてくれているんだな」とうれしくなりました。

嫌いな人の前では、あくびは噛み殺します。

ここまで伸び伸びあくびをされるのは、逆にうれしかったのです。

あくびも一つのリセットです。

あらゆることがリセットのチャンスになります。

私には、本を読むこともリセットです。

イヤなことがあっても、本を読んでいると本の世界に入ります。

映画を見るのも音楽を聴くのもリセットなのです。

心と体を整える工夫　62

新しい習慣にすることを、習慣にしよう。

63 美術館に行くと、リセットできる。

美術館には、「理解できるもの」と「理解できないもの」があります。

「なんでこんな恐い絵を描くんだろう」という絵もあります。

現代アートは、「これは何を描いているんだろう」と、意味不明です。

その人の持っている価値観を根底から揺り動かすのがアートの役割です。

アートと比較すると、自分が出会った現実の世界のわけのわからなさは、まだわかりやすいのです。


美術館に行くと、「自分の思い込んでいたことが、絶対ではない」と気づきます。

船に乗って揺すられるように、アートで揺すられるのです。

もちろん好きな絵を見て癒やされるのもアートの目的の1つです。

もっと大切なのは、わけのわからないものに出会って揺すられることによって、リセットできることです。

これが、イヤなことがあったり、心や体が固まっている時に美術館に行くメリットなのです。

心と体を整える工夫 63

美術館に、行こう。

64 服装をきちんとすると、リセットできる。

テレワークをしていると、着替えがだんだん減っていきます。
リモートで画面を完全に消した状態で、音声だけ聞いている人がいます。
画面を見られるのはうっとうしいし、自分の部屋とか服装を見られたくないからです。
会社に行くなら着替えます。
家にいてまで着替えをするのは、余計めんどくささが募るのです。
家にいる格好のままで、ネクタイもしなくなります。
上はスーツで下はジャージということが起こるのです。
着替えは、リセットに大きな効果があります。
日本人は家の中で靴を脱いで、外へ出かける時に靴を履きます。

これもリセットです。

今は宅配も充実していて、出かけなくてもなんとかなってしまいます。
それでも習慣的に外へ出る何かを持っておいたほうがいいのです。
私は毎日お詣りに行っています。
お詣りは、休むわけにはいきません。
神様に対して、「今日は雨が降っているから」という言い訳はできないからです。
お詣りに行くことで、着替えて、階段を使って、外の空気に触れる機会になるのです。
お詣りのいいところは、拝む時に姿勢を正す瞬間があることです。
いい具合に、全国に神社が7万、お寺が7万あります。
コンビニの数と同じで、必ず近所にあります。
服を着替えるのがめんどくさい人は、コンビニのついでにお詣りに行けばいいのです。
その時に、きちんとした服装に着替えることで脳が活性化するのです。
少し離れた美術館に行く時は歩く距離が長くなります。
私は美術館にはネクタイとスーツで行きます。

きちんとした正装をしていると戦闘モードになります。

感性が研ぎ澄まされて、気づかなかったものに気づけるようになるのです。

服装から入ることは大きいです。

女性は出かけなくてもメイクと着替えはしたほうがいいのです。

役者は着替えとメイクで役に入ります。

これもリセットです。

メイクを落としながら、普段に戻っていきます。

着替えることで役を落とします。

家から衣装を着て行ってもいいですが、それでは日常と役との区別がつかなくなります。

私服で行って、その場で役の服に着替える作業がリセットです。

これはすべての人が応用できるのです。

心と体を整える工夫　64

着替えよう。

65 歌うことで、リセットできる。心が緩《ゆる》むと、ヨダレが出る。

私は11年間週一でボイストレーニングを受けています。

歌がうまくなること、声がよくなることが目的ではありません。

私の中では、一種のリセット効果です。

歌うとリラックスして、ヨダレがたくさん出ます。

子どもがヨダレを垂らしているのは、リラックスしているからです。

大人になるとヨダレが出なくなるのは、緊張状態で口の中がカラカラに乾いているからです。

唾液は副交感神経から出るので、リラックスしないと出ないのです。

自分の中にある声を外へ出すことによってリラックスします。

歌っていると、体中の筋肉がだんだん緩んできます。

緩むともっと響く声になるのです。


お経は、すべて節がついていて、歌になっています。

お坊さんが体がリラックスして頭が活性化している状態を生み出すために「お経」という歌があるのです。

それを日常生活に応用すればいいのです。

心と体を整える工夫　65

声に出して、歌おう。

66

ひらめいた時、リセットしている。リセットしながら、成長している。リセットの仕方は、みんな違っていい。

この本をここまで読んできて、ピンときたものとこなかったものがあったとしても、それでいいのです。

「あっ、これしてみよう」とピンときた瞬間が、ひらめいた瞬間です。

「してみたい」と思った瞬間に、その人はリセットしています。

「してみよう」と思った瞬間から、「してみよう」と思う前とは別人になっているのです。

してみてうまくいったから別人になるわけでは決してありません。

「行こう」と思った瞬間に旅が始まっているのと同じです。

リセットとは、ひらめいた瞬間です。

前の自分に戻ることではありません。

スパイラルで1周まわって、前よりも一段階上に上がって成長しているのがリセットです。

成長するにはリセットをし続けていくことが大切です。


プロのアスリートは、毎日毎日フォームを改造しています。

「このフォームが完成」ということはないのです。

工夫も、工夫した直後から次の工夫が始まります。

1つ工夫したからこれで完成した、ということではありません。

工夫をしたら、すぐに次の工夫が出てきます。

料理も、今日の工夫で完成したという気持ちはまったく起こりません。

「次はもっとこうしてみよう」と思うのが料理の面白さです。

料理に完成形はないのです。

「もうこれ以上いじらないでください」と言われても、変えたくなるのです。
これがリセットし続け、成長し続けていくということです。

ここまで聞いてもまだ、まじめな人から「どれから始めればいいですか」という質問が出ます。

リセットの仕方は、一人一人違います。
個性が違うし、キャラクターが違うからです。
自分が「これならできそうだな」というものは、AさんとBさんとでは違います。
そろえる必要はまったくありません。
リセットに決まったやり方はないのです。
人にとやかく言われる筋合いもないし、人にとやかく言う必要もありません。
楽しそうなリセットから、試していくだけでいいのです。

生まれ変わるとは、何かを手に入れることではありません。

あなたの魅力は、あなたの中に、すでにあるのです。

自分の魅力を外に探しに行かなくても、中にある魅力を外に出すだけでいいのです。

リセットとは、自分を縛りつけている紐を解くことです。

しつけ糸を、外すことです。

自分を縛りつける紐は、誰かが縛っているのではなく、自分で縛っています。

しかも、その紐は、自分が考えるより、はるかに緩《ゆる》い紐です。

リセットに、力は要りません。

「なんだ、こんなに楽だったんだ」と気づいた時、すでにあなたはリセットしているのです。

心と体を整える工夫　66

好きな方法で、リセットしよう。

【DHC】
ポストカード『会う人みんな神さま』
書画集『会う人みんな神さま』
『あと「ひとこと」の英会話』

【自由国民社】
『「そのうち何か一緒に」を、卒業しよう。』
『君がイキイキしていると、僕はうれしい。』

【青春出版社】
『50代から成功する人の無意識の習慣』
『いくつになっても「求められる人」の
小さな習慣』

【ユサブル】
『迷った時、「答え」は歴史の中にある。』
『1秒で刺さる書き方』

【大和出版】
『自己演出力』
『一流の準備力』

【海竜社】
『昨日より強い自分を引き出す61の方法』
『一流のストレス』

【リンデン舎】
『状況は、自分が思うほど悪くない。』
『速いミスは、許される。』

【文芸社】
文庫『全力で、1ミリ進もう。』
文庫『贅沢なキスをしよう。』

【総合法令出版】
『「気がきくね」と言われる人のシンプルな
法則』
『伝説のホストに学ぶ82の成功法則』

【サンクチュアリ出版】
『転職先はわたしの会社』
『壁に当たるのは気モチイイ
人生もエッチも』

【WAVE出版】
『リアクションを制する者が20代を制する。』

【秀和システム】
『人とは違う生き方をしよう。』

【河出書房新社】
『成功する人は、教わり方が違う。』

【二見書房】
文庫『「お金持ち」の時間術』

【ミライカナイブックス】
『名前を聞く前に、キスをしよう。』

【イースト・プレス】
文庫『なぜかモテる人がしている42のこと』

【第三文明社】
『仕事は、最高に楽しい。』

【日本経済新聞出版社】
『会社で自由に生きる法』

【講談社】
文庫『なぜ あの人は強いのか』

【アクセス・パブリッシング】
『大人になってからもう一度受けたい
コミュニケーションの授業』

【阪急コミュニケーションズ】
『サクセス＆ハッピーになる50の方法』

【きこ書房】
『大人の教科書』

中谷彰宏　主な作品一覧

文庫『いい女恋愛塾』
文庫『「女を楽しませる」ことが
男の最高の仕事。』
文庫『いい女練習帳』
文庫『男は女で修行する。』

【ぱる出版】
『粋な人、野暮な人。』
『品のある稼ぎ方・使い方』
『察する人、間の悪い人。』
『選ばれる人、選ばれない人。』
『一流のウソは、人を幸せにする。』
『なぜ、あの人は「本番」に強いのか』
『セクシーな男、男前な女。』
『運のある人、運のない人』
『器の大きい人、器の小さい人』
『品のある人、品のない人』

【学研プラス】
『読む本で、人生が変わる。』
『なぜあの人は感じがいいのか。』
『頑張らない人は、うまくいく。』
文庫『見た目を磨く人は、うまくいく。』
『セクシーな人は、うまくいく。』
文庫『片づけられる人は、うまくいく。』
『美人力』（ハンディ版）
文庫『怒らない人は、うまくいく。』
文庫『すぐやる人は、うまくいく。』

【ファーストプレス】
『「超一流」の会話術』
『「超一流」の分析力』
『「超一流」の構想術』
『「超一流」の整理術』
『「超一流」の時間術』
『「超一流」の行動術』
『「超一流」の勉強法』
『「超一流」の仕事術』

【水王舎】
『なぜ美術館に通う人は「気品」があるのか。』
『なぜあの人は「美意識」があるのか。』
『なぜあの人は「教養」があるのか。』
『結果を出す人の話し方』
『「人脈」を「お金」にかえる勉強』
『「学び」を「お金」にかえる勉強』

【あさ出版】
『孤独が人生を豊かにする』
『気まずくならない雑談力』
『「いつまでもクヨクヨしたくない」とき
読む本』
『「イライラしてるな」と思ったとき読む本』
『なぜあの人は会話がつづくのか』

【すばる舎リンケージ】
『仕事が速い人が無意識にしている工夫』
『好かれる人が無意識にしている
文章の書き方』
『好かれる人が無意識にしている
言葉の選び方』
『好かれる人が無意識にしている気の使い方』

【日本実業出版社】
『出会いに恵まれる女性がしている
63のこと』
『凛とした女性がしている63のこと』
『一流の人が言わない50のこと』
『一流の男 一流の風格』

【現代書林】
『チャンスは「ムダなこと」から生まれる。』
『お金の不安がなくなる60の方法』
『なぜあの人には「大人の色気」があるのか』

【毎日新聞出版】
『あなたのまわりに「いいこと」が起きる
70の言葉』
『なぜあの人は心が折れないのか』
『一流のナンバー２』

【ぜんにち出版】
『リーダーの条件』
『モテるオヤジの作法２』
『かわいげのある女』

『なぜあの人はプレッシャーに強いのか』
『大学時代しなければならない50のこと』
『あなたに起こることはすべて正しい』

【きずな出版】
『チャンスをつかめる人のビジネスマナー』
『生きる誘惑』
『しがみつかない大人になる63の方法』
『「理不尽」が多い人ほど、強くなる。』
『グズグズしない人の61の習慣』
『イライラしない人の63の習慣』
『悩まない人の63の習慣』
『いい女は「涙を背に流し、微笑みを抱く男」とつきあう。』
『ファーストクラスに乗る人の自己投資』
『いい女は「紳士」とつきあう。』
『ファーストクラスに乗る人の発想』
『いい女は「言いなりになりたい男」とつきあう。』
『ファーストクラスに乗る人の人間関係』
『いい女は「変身させてくれる男」とつきあう。』
『ファーストクラスに乗る人の人脈』
『ファーストクラスに乗る人のお金2』
『ファーストクラスに乗る人の仕事』
『ファーストクラスに乗る人の教育』
『ファーストクラスに乗る人の勉強』
『ファーストクラスに乗る人のお金』
『ファーストクラスに乗る人のノート』
『ギリギリセーーフ』

【PHP研究所】
文庫『自己肯定感が一瞬で上がる63の方法』
『定年前に生まれ変わろう』
『なぜあの人は、しなやかで強いのか』
『メンタルが強くなる60のルーティン』
『なぜランチタイムに本を読む人は、成功するのか。』
『中学時代にガンバれる40の言葉』
『中学時代がハッピーになる30のこと』
『もう一度会いたくなる人の聞く力』
『14歳からの人生哲学』
『受験生すぐにできる50のこと』
『高校受験すぐにできる40のこと』
『ほんのささいなことに、恋の幸せがある。』
『高校時代にしておく50のこと』
文庫『お金持ちは、お札の向きがそろっている。』
『仕事の極め方』
『中学時代にしておく50のこと』
『たった3分で愛される人になる』文庫
『【図解】「できる人」のスピード整理術』
『【図解】「できる人」の時間活用ノート』
文庫『自分で考える人が成功する』
文庫『入社3年目までに勝負がつく77の法則』

【リベラル社】
『新しい仕事術』
『哲学の話』
『1分で伝える力』
『「また会いたい」と思われる人「二度目はない」と思われる人』
『モチベーションの強化書』
『50代がもっともっと楽しくなる方法』
『40代がもっと楽しくなる方法』
『30代が楽しくなる方法』
『チャンスをつかむ 超会話術』
『自分を変える 超時間術』
『問題解決のコツ』
『リーダーの技術』
『一流の話し方』
『一流のお金の生み出し方』
『一流の思考の作り方』

【大和書房】
『大人の男の身だしなみ』
文庫『今日から「印象美人」』
文庫『いい女のしぐさ』
文庫『美人は、片づけから。』
文庫『いい女の話し方』
文庫『「つらいな」と思ったとき読む本』
文庫『27歳からのいい女養成講座』
文庫『なぜか「HAPPY」な女性の習慣』
文庫『なぜか「美人」に見える女性の習慣』
文庫『いい女の教科書』

中谷彰宏　主な作品一覧

【ダイヤモンド社】
『60代でしなければならない50のこと』
『面接の達人 バイブル版』
『なぜあの人は感情的にならないのか』
『50代でしなければならない55のこと』
『なぜあの人の話は楽しいのか』
『なぜあの人はすぐやるのか』
『なぜあの人は逆境に強いのか』
『なぜあの人の話に納得してしまうのか［新版］』
『なぜあの人は勉強が続くのか』
『なぜあの人は仕事ができるのか』
『25歳までにしなければならない59のこと』
『なぜあの人は整理がうまいのか』
『なぜあの人はいつもやる気があるのか』
『なぜあのリーダーに人はついていくのか』
『大人のマナー』
『プラス1％の企画力』
『なぜあの人は人前で話すのがうまいのか』
『あなたが「あなた」を超えるとき』
『中谷彰宏金言集』
『こんな上司に叱られたい。』
『フォローの達人』
『「キレない力」を作る50の方法』
『女性に尊敬されるリーダーが、成功する。』
『30代で出会わなければならない50人』
『20代で出会わなければならない50人』
『就活時代しなければならない50のこと』
『あせらず、止まらず、退かず。』
『お客様を育てるサービス』
『あの人の下なら、「やる気」が出る。』
『なくてはならない人になる』
『人のために何ができるか』
『キャパのある人が、成功する。』
『時間をプレゼントする人が、成功する。』
『明日がワクワクする50の方法』
『ターニングポイントに立つ君に』
『空気を読める人が、成功する。』
『整理力を高める50の方法』
『迷いを断ち切る50の方法』
『なぜあの人は10歳若く見えるのか』
『初対面で好かれる60の話し方』
『成功体質になる50の方法』
『運が開ける接客術』
『運のいい人に好かれる50の方法』
『本番力を高める57の方法』
『運が開ける勉強法』
『バランス力のある人が、成功する。』
『ラスト3分に強くなる50の方法』
『逆転力を高める50の方法』
『最初の3年その他大勢から抜け出す50の方法』
『ドタン場に強くなる50の方法』
『アイデアが止まらなくなる50の方法』
『思い出した夢は、実現する。』
『メンタル力で逆転する50の方法』
『自分力を高めるヒント』
『なぜあの人はストレスに強いのか』
『面白くなければカッコよくない』
『たった一言で生まれ変わる』
『スピード自己実現』
『スピード開運術』
『スピード問題解決』
『スピード危機管理』
『一流の勉強術』
『スピード意識改革』
『お客様のファンになろう』
『20代自分らしく生きる45の方法』
『なぜあの人は問題解決がうまいのか』
『しびれるサービス』
『大人のスピード説得術』
『お客様に学ぶサービス勉強法』
『スピード人脈術』
『スピードサービス』
『スピード成功の方程式』
『スピードリーダーシップ』
『出会いにひとつのムダもない』
『なぜあの人は気がきくのか』
『お客様にしなければならない50のこと』
『大人になる前にしなければならない50のこと』
『なぜあの人はお客さんに好かれるのか』
『会社で教えてくれない50のこと』
『なぜあの人は時間を創り出せるのか』
『なぜあの人は運が強いのか』
『20代でしなければならない50のこと』

著者略歴

中谷 彰宏（なかたに あきひろ）

1959年、大阪府生まれ。早稲田大学第一文学部演劇科卒。博報堂に入社し、8年間のCMプランナーを経て、91年、独立し、株式会社中谷彰宏事務所を設立。人生論、ビジネスから恋愛エッセイ、小説まで、多くのロングセラー、ベストセラーを送り出す。中谷塾を主宰し、全国で講演活動を行っている。

※本の感想など、どんなことでもお手紙を楽しみにしています。
　他の人に読まれることはありません。**僕は本気で読みます。**

中谷彰宏

〒460-0008　名古屋市中区栄3-7-9 新鏡栄ビル8F　株式会社リベラル社　編集部気付
中谷彰宏　行

※食品、現金、切手等の同封はご遠慮ください（リベラル社）

［中谷彰宏　公式サイト］https://an-web.com

中谷彰宏は、盲導犬育成事業に賛同し、この本の印税の一部を（公財）日本盲導犬協会に寄付しています。

装丁デザイン　菊池祐
本文デザイン　渡辺靖子（リベラル社）
編集人　伊藤光恵（リベラル社）
営業　津村卓（リベラル社）

編集部　山田吉之・安田卓馬・鈴木ひろみ
営業部　澤順二・津田滋春・廣田修・青木ちはる・竹本健志・春日井ゆき恵・持丸孝
制作・営業コーディネーター　仲野進

写真　nfbiruza/stock.adobe.com、Photographee.eu/shutterstock.com

メンタルと体調のリセット術

2021年2月28日　初版

著　者　中 谷 彰 宏
発行者　隅 田 直 樹
発行所　株式会社 リベラル社
〒460-0008 名古屋市中区栄3-7-9 新鏡栄ビル8F
TEL 052-261-9101　FAX 052-261-9134
http://liberalsya.com
発　売　株式会社　星雲社（共同出版社・流通責任出版社）
〒112-0005 東京都文京区水道1-3-30
TEL 03-3868-3275

 ISBN978-4-434-28601-8　C0030

リベラル社　中谷彰宏の好評既刊

コロナ時代をチャンスに変える 新しい仕事術

（四六判／224ページ／1,400円＋税）

働き方が一変した自粛の時代。ビジネスマンには、新しい技術と新しい生き方が求められています。本書ではそんな変化の時代を、楽しみながら生き抜くための戦略を紹介。リモート会話術、メンタル術、時間術、コミュニケーション術など、中谷彰宏が教える「新しい時代のスキル70」。

1分で伝える力

(四六判／208ページ／1,300円＋税)

どんなにいいことを言っても、伝わらなければ終わりです。大切なのは、相手が聞いてすぐに動ける状態にすることです。長年のコピーライター経験と1000冊を超える本の執筆によって培われた中谷彰宏氏の言葉には「短く言い切り、人を動かす力」があります。「人を動かす話し方61」。